PRÉFACE

ou

EXPLICATION ESSENTIELLE SUR LA MARCHE A SUIVRE DANS CE NOUVEL ENSEIGNEMENT

> Par son analyse, Descartes fit faire plus de progrès à la Géométrie qu'elle n'en avait fait depuis la création du monde. (THOMAS.)

La science grammaticale, soumise jadis à la routine ou aux études sans méthode, était, pour ainsi dire, classée parmi les sciences abstraites. On était même persuadé qu'il fallait apprendre le latin pour arriver à la connaissance de l'orthographe. Mais depuis que la méthode d'analyse et d'exercices a servi de base à son enseignement, cette science est devenue plus facile et plus complète. Elle s'est successivement développée dans une voie de progrès. Toutefois il est à regretter que satisfaits des résultats obtenus, les auteurs des nouvelles grammaires n'aient pas poussé plus loin leurs recherches pour arriver à de plus importantes et de plus nombreuses améliorations. On s'est occupé de la lexicologie comprenant l'analyse, l'orthographe, et de la syntaxe d'accord, mais on n'a pas eu l'idée de traiter la *partie syllabique*, *logotechnique*, *synthétique* ou *phraséologique*. Cependant l'ensemble d'un pareil enseignement ouvre, comme on le verra bientôt, un nouvel horizon à l'étude de la grammaire.

1° Partie Syllabique.

Comme tout s'enchaîne dans les sciences, qu'il existe entre elles des lois invariables, des points avérés de connexion qui conduisent de l'une à l'autre par des degrés successifs, il résulte que dans un bon système d'enseignement, l'ensemble des principes doit être disposé de telle sorte que l'élève puisse suivre la filiation de leurs rapports, et passer facilement du connu à l'inconnu, en s'appuyant toujours sur les notions qu'on a préalablement eu soin d'inculquer dans sa mémoire. Faute d'avoir fait l'application de ces idées préliminaires dans la science grammaticale, il arrive qu'à mesure que l'élève passe de la lecture à l'étude de l'orthographe, et qu'il commence à écrire sous la dictée sans avoir méthodiquement appris les principes syllabiques, les mots qu'on lui dicte, n'étant pour lui que des assemblages de lettres formant des sons divers, envain il cherche à les retracer, sa main s'arrête, il doute, il hésite et sa plume marche au hasard. S'il parvient à faire quelque progrès, ce n'est point à l'aide du raisonnement, mais seulement par une longue et constante pratique. Il importait d'établir une disposition à l'aide de laquelle l'élève, après avoir rapidement appris les éléments constitutifs de chaque mot et de chaque syllabe, peut se livrer tout de suite et avec succès à l'étude de l'orthographe, parce qu'alors les premières notions de cette science ne sont plus pour lui des choses complètement inconnues.

2 Partie Lexicologique,

comprenant l'analyse et l'orthographe.

La partie analytique et orthographique est la seule qui ait été dévoloppée, mais elle manque encore de méthode. Parmi les auteurs qui s'en sont occupés, aucun n'a présenté des exercices assez simples, assez complets et assez méthodiques. Les uns ont disposé les matériaux dans un ordre peu conforme à celui des règles. Les autres ont dénaturé les mots par une orthographe défectueuse, d'autres les ont scindés, en substituant aux lettres finales des points et des tirets. Il en est qui ont laissé des lacunes dans les phrases pour obliger les élèves à les compléter ou ont tenté d'y faire opérer des changements abstraits et subtils qui embarrassent même les professeurs. Il en est encore qui, voulant former des *Grammaires-Exercices*, surchargent les règles d'une si grande quantité d'exemples, qu'arrivés à la partie du verbe, ils produisent une véritable confusion dans l'intelligence de l'élève. De plus les principes de l'orthographe proprement dite y sont exposés d'une manière si confuse qu'ils peuvent à peine se fixer dans l'esprit de ceux qui les enseignent.

Nous avons évité ces irrégularités en composant un cours d'exercices gradués, au moyen desquels l'élève, parcourant par des opérations successives chacune des dix parties du discours, arrive sans effort et même avec intérêt à la connaissance parfaite et raisonnée de tous les éléments qui composent et les mots et la phrase.

Indépendamment de l'ordre logique et naturel qui est encore la base de cette partie du livre, on trouve de plus dans ces exercices un principe clair et facile pour connaître en quelques minutes les adjectifs qui forment leur pluriel en *als* ou en *aux*; des principes pour arriver à l'orthographe grammaticale des verbes sans savoir même conjuguer un verbe; une nouvelle analyse théorique et pratique dont les prompts résultats attestent l'importance et l'utilité; et en un mot une foule d'autres questions secondaires propres néanmoins à fixer l'attention des professeurs les plus éclairés.

3° Partie Logotechnique

ou science de la valeur des mots.

Par cette étude toute nouvelle encore dans l'enseignement grammatical, les élèves acquièrent des connaissances exactes et intimes sur la véritable signification du langage. Ils enrichissent leur esprit d'une foule d'expressions élégantes, harmonieuses; agrandissent le cercle de leurs idées et découvrent des enseignements enveloppés jusqu'ici pour eux de termes inconnus ou ignorés.

4° Partie Synthétique ou Phraséologique.

Par l'analyse l'élève apprend à disjoindre la phrase, à décomposer les propositions, à disséquer pour ainsi dire les mots, mais pour parler et pour écrire correctement, pour compléter un enseignement grammatical, il ne suffit pas de connaître les principes élémentaires d'orthographe, il faut encore savoir les combiner selon un ordre fixe de construction dont on ne peut s'écarter sans nuire à la clarté de la phrase et à la justesse des idées. Cette partie encore négligée dans les grammaires a été convenablement déve-

oppée dans la syntaxe de construction de la grammaire
classique. L'élève apprend la contexture complète des propositions et des phrases, il déroule tour-à-tour les propositions pleines et elliptiques, la construction directe et
inverse, il change les propositions elliptiques en surabon-
dantes et réciproquement. Il indique ensuite toutes les
tournures auxquelles on peut soumettre les mêmes mots
d'une phrase. Au moyen de ces études préparatoires de
synthèse, il est facilement initié au mécanisme du langage,
il peut se livrer avec succès aux compositions littéraires,
et il acquiert même une aptitude particulière pour l'étude
des autres langues.

Observations générales

Sur la marche à suivre dans les Exercices.

Les Grammairiens en voulant donner de trop longs développements à chaque exercice sont nécessairement tombés dans le double inconvénient de publier des ouvrages volumineux et diffus, et de sacrifier des enseignements nouveaux et essentiels. Il importait avant tout d'éviter cet écueil. Pour cela il a suffi de composer de plus courts devoirs. Cependant comme beaucoup de professeurs dominés par l'habitude, et surtout ne connaissant point encore les nouveaux et utiles enseignements dont s'enrichit chaque jour notre langue, pourraient les trouver trop restreints et seraient peut-être tentés de sacrifier l'essentiel à des formes accessoires, ces exercices ont été soumis à des procédés simples et logiques, à l'aide desquels ont peut les augmenter et les varier à volonté. Ainsi ces exercices, de peu de longueur en apparence, appliqués graduellement à chaque principe de la grammaire, fournissent non seulement de vastes sujets de thêmes, remplacent les traités d'Exercices, de Cacographie et de Praxigraphie que l'on met habituellement entre les mains des élèves; mais ils sont de nature à satisfaire toutes les exigences d'une classe, à occuper exactement les élèves pendant l'heure du travail, à fixer sans cesse leur attention par l'attrait de la nouveauté, et surtout à compléter les études grammaticales par des enseignements précieux et inconnus dans les autres ouvrages. C'est au professeur de mettre en usage ceux qui lui paraîtront s'harmoniser le mieux avec la disposition intellectuelle de ses élèves. A l'avantage de faciliter l'étude des principes de notre langue, ils réunissent celui de les graver plus profondément dans la mémoire et de développer la précieuse faculté de la rédaction, en mettant constamment en jeu l'activité intellectuelle des étudiants.

Marche à suivre dans les Exercices de la partie Lexicologique.

Il y a deux manières de faire les exercices.

Première Manière.

Les élèves auront à copier plusieurs exercices du livre pour la même leçon, et appliqueront uniquement sur chacun d'eux la règle qui est désignée en tête de chaque exercice.

Pour la première leçon du substantif, ils auront à faire le 1ᵉʳ, le 2ᵉ et le 3ᵉ exercice :

Pour la seconde leçon le 4ᵉ, le 5ᵉ et le 6ᵉ exercice.

Pour la troisième leçon le 7ᵉ et le 8ᵉ exercice.

Pour la quatrième leçon le 9ᵉ exercice.

Pour la cinquième leçon le 10ᵉ et le 11ᵉ exercice.

Pour la sixième leçon le 12ᵉ exercice.

Pour la septième leçon le 13ᵉ exercice.

Pour la huitième leçon le 14ᵉ exercice.

Seconde Manière.

Lorsque les élèves auront terminé tous les exercices d'un chapitre d'après la première manière, ils les feront une seconde fois d'après la manière suivante :

Les élèves ne copieront cette fois qu'un seul exercice par leçon, mais ils y appliqueront les 4 procédés suivants :

1ᵉʳ Procédé. Ils transcriront d'abord sur leur cahier l'intitulé de l'exercice qu'ils auront à faire ; après ils copieront immédiatement à la suite de cet intitulé le principe de la grammaire qui est indiqué par le titre : *Numéro de l'Abrégé.* (Voir le 1ᵉʳ procédé du modèle suivant.

2ᵉ Procédé. Ils copieront immédiatement au-dessous du principe toutes les phrases de l'exercice, et appliqueront à chacune d'elles la règle qui est énoncée en tête de ce même exercice. La 1ʳᵉ indique qu'il faut souligner tous les substantifs. (Voir le 2ᵉ procédé du modèle suivant.)

3ᵉ Procédé. Ils motiveront quelques-unes des premières phrases ou toutes les phrases du même exercice. (Voir le 3ᵉ procédé du modèle suivant.

4ᵉ Procédé. Ils chercheront à l'aide de la réflexion d'un livre ou du dictionnaire vingt ou trente mots analogues à celui qui est l'objet dominant de l'exercice, c'est-à-dire des substantifs, lorsque l'exercice roulera sur le substantif ; des articles ou des adjectifs, lorsqu'il roulera sur l'article ou sur l'adjectif, etc., etc.

MODÈLE D'UN EXERCICE

tel que doivent le faire les élèves

1ᵉʳ Procédé.

Exercice sur le Substantif en général.

Le substantif ou nom est un mot qui sert à nommer les personnes et les choses, comme : *Pierre, Paul ; livre, chapeau.*

On le définit aussi un mot qui représente un être ou un objet, soit qu'il existe dans la nature, comme : *homme, chéval, maison* ; soit qu'il existe seulement dans notre esprit, comme : *beauté, justice, bonheur.*

2ᵉ Procédé.

Le *ciel* est le *trône* de la *divinité* La *religion* est la *base* de toutes les *vertus.* La *rose* est la *reine* des *fleurs.* La *violette* est *l'image* de la *modestie.* La *routine* est le *sentier* de la *médiocrité.* La *fleur* passe vite comme *l'homme.* Les *feuilles* des *arbres* reverdissent au *printemps.* Le *soleil* est la *vie* du *monde.* Les *enfants* doivent à leurs *parents l'amour*, le *respect* et *l'obéissance.* De limpides *ruisseaux* coulaient avec un doux *murmure.*

3ᵉ Procédé.

Le ciel est le trône de la divinité : (*ciel, trône, divinité* sont des substantifs, parce qu'ils servent à nommer des personnes et des choses.) — La religion est la base de toutes les vertus : (*religion, base, vertus* sont des substantifs parce qu'ils servent à nommer des choses.) — La rose est la reine des fleurs : (*rose, reine, fleurs* sont des substantifs, parce qu'ils servent à nommer des personnes et des choses.)

4° Procédé

Etoile, flambeau, plume, table, maison, prairie, politesse, aménité, soumission, Albert, César, Marie, Clotilde, Toulon, Marseille, jardin, rivière, confiance, franchise, arbrisseau, magasin, habitation, enfant, porte, fenêtre, rideau, fontaine, canif, livre, raisin, promenade, courage, vertu, docilité.

L'application méthodique de ces procédés, ou cette combinaison constante de la théorie avec la pratique, est d'autant plus rationnelle qu'elle habitue l'élève à se rendre un compte exact et fidèle de toutes ses opérations. En le mettant sans cesse aux prises avec les règles de la grammaire, elle ne peut manquer de les fixer invariablement dans sa mémoire, seul moyen de faire des progrès réels dans les études.

Manière de faire former des récapitulations
aux Elèves.

Pour faire aisément des récapitulations, les élèves auront à copier successivement la 1re phrase de chaque exercice d'une partie du discours pour une première récapitulation; la 2e phrase, pour une seconde récapitulation; et la 3e pour une troisième récapitulation; et ainsi de suite des autres; après ils souligneront et expliqueront la nature du mot sur lequel roule l'exercice.

MODÈLE DE DEUX RÉCAPITULATIONS.

Formées l'une de la première phrase de chaque exercice du substantif; et l'autre de la deuxième phrase de ces mêmes exercices. (Voir depuis la page 14 à la page 20.)

1re RÉCAPITULATION.

Le *ciel* est le *trône* de la *divinité*. Dieu d'un regard a formé l'Univers. Dans la foule la vanité donne des vertiges. Homme. Perdrix. Soleil. Une ville. Le livre. Le parfum. Le repas. Le chapeau. Le bijou. Le journal. Le gouvernail. Le ciel. Monsieur. L'enfant.

2e RÉCAPITULATION.

La religion est la base de toutes les vertus. L'invention des aréostats est due à Montgolfier, d'Annonay. La totalité des enfants sacrifie l'avenir au présent. Femme. Hirondelle. Lune. Maisons. Les montagnes. Le nuage. Le choix. Le bandeau. Le caillou. Le général. L'éventail. L'œil. Mesdames. Les parents.

Manière de faire composer des exercices aux élèves.

MODÈLE D'UN EXERCICE DE COMPOSITION.

1er Exercice du Livre sur les Substantifs en général. (Voir page 14.)

Le *ciel* est le *trône* de la *Divinité*. La religion est la base de toutes les vertus. La rose est la reine des fleurs. La violette est l'image de la modestie. La routine est le sentier de la médiocrité. La fleur passe vite comme l'homme. Les feuilles des arbres reverdissent au printemps. Le soleil est la vie du monde. Les enfants doivent à leurs parents l'amour, le respect et l'obéissance. De limpides ruisseaux coulaient avec un doux murmure.

2me Exercice sur le substantif en général, composé par l'élève et renfermant des phrases calquées sur celles de l'exercice ci-dessus. Exemple : le *ciel* est le *trône* de la *Divinité*, l'élève formera la phrase suivante ou toute autre semblable : le *ciel* est le *séjour* des *bienheureux*, etc.

Le *ciel* est le *séjour* des *bienheureux*. La religion adoucit les mœurs. La rose brille du plus vif éclat. La violette se dérobe aux regards de la foule. La routine nuit aux progrès. Les fleurs s'épanouissent le matin et se flétrissent le soir. Les feuilles jaunissent en automne. Le soleil ranime la nature. Les enfants sages sont aimés de tout le monde. De paisibles ruisseaux serpentent dans la prairie, etc., etc.

NOTE. Il ne sera pas nécessaire de signaler les avantages de ces sortes d'exercices que beaucoup de jeunes élèves même parviennent bientôt à faire avec goût et facilité, et que l'on doit appliquer à chaque partie du discours. Les professeurs pourront ensuite faire appliquer d'autres procédés, comme de faire analyser quelques mots d'une phrase, de faire conjuguer quelques temps d'un verbe, etc.

NOTE EXPLICATIVE
pour le second Tableau Synoptique de la page suivante.

Dans cette analyse, que l'élève parvient à faire aisément de vive voix, même en écrivant à la dictée, il n'indique, en 3 temps, que les 5 particularités essentielles à l'orthographe de chaque mot : savoir : — 1° La définition ; — 2° Le genre et le nombre (quand les mots possèdent cette propriété) ; — Et 3° la raison des accents et des lettres que l'on ne prononce pas ou qui offrent des difficultés d'application.

PREMIER TABLEAU SYNOPTIQUE

Des dix parties du discours pour servir de modèle à l'analyse théorique ou la seule usitée dans l'enseignement ordinaire.

6 Mots variables.

Substantif.	déf. div. g.	n.		
Article.	déf. div. g.	n.	fonc.	
Adjectif.	déf. div. g.	n.	fonc.	
Pronom.	déf. div. g.	n.	perso.	
Verbe.	déf. div. mod. tem.	conju. pers. n. suj. co.		
Participe.	déf. div. g.	n.	fonc.	

4 Mots invariables.

Adverbe.	déf. div.	fonc.
Préposition.	déf. div.	fonc.
Conjonction.	déf. div.	fonc.
Interjection.	déf. div.	fonc.

Explication des abréviations qui précèdent : déf. définition, — div. division, — g. genre, — n. nombre, — fonc. fonction, — pers. personne, — mod. modes, — tem. temps. — conju. conjugaison, — suj. sujet, — co. compléments, direct et indirect.

SECOND TABLEAU SYNOPTIQUE.

Des dix parties du discours pour servir simultanément à l'analyse théorique et pratique, la seule réellemen progressive et toute spéciale à ce nouvel enseignement. Voir la note explicative de la page précédente xr.

6 Mots variables.

1o Substantif	2o genre et nombre	3o lett. et acc
1o Article	2o g.　　n.	3o lett.　acc
1o Adjectif	2o s'accordant　(1)	3o lett.　ace
1o Pronom	2o g.　　n.	3o lett.　acc
1o Verbe	2o à quelle catégorie (1)	3o lett.　acc
1o Participe	2o s'accordant　(3)	3o lett.　acc

4 Mots variables.

1o Adverbe	2o inv.	3o lett.　acc
1o Préposition	2o inv.	3o lett.　acc
1o Conjonction	2o inv.	3o lett.　acc
1o Interjection	2o inv.	3o lett.　acc

(1) *S'accordant avec tel substantif.* — (2) *Indiquer à quelle caté-gorie il appartient, et le soumettre au principe qu'elle renferme* Voir page 54 des Exercices (3) *S'accordant avec tel Substantif.*

EXERCICES SYLLABIQUES

ou

EXERCICES PRÉPARATOIRES

A L'ORTHOGRAPHE.

> Dans tout système d'enseignement rationnel, on ne doit montrer les difficultés que par gradation.
>
> Les meilleures théories ne valent pas une bonne méthode pratique. (TAILLEFER, *inspecteur général de l'Académie de Paris.*)

À l'aide des quelques éléments divers, que renferment les deux premières pages suivantes, les élèves pourront aisément composer toute espèce de mots et de syllabes, comme ils pourront les décomposer à l'aide du principe nouveau et progressif qui suit :

Principe Unique.

La syllabe se coupe après chaque voyelle indivisible ou divisible, exemples : *ga lo pa de, i voi re, en ten dre, tra vail lé, La o di cé e.*

Exception unique.

La syllabe ne se coupe apres une des consonnes qui suivent la voyelle, que lorsque cette consonne fait partie des consonnes divisibles, exemples : *ac te, re gar dé*, etc., ou lorsqu'elle appartient à *ill* mouillé comme : *tra vail lé.*

NOTA. *Plus tard la grammaire et la poésie expliqueront les diphtongues, c'est-à-dire les deux voyelles, qui, quoique formant deux sons, se prononcent par une seule émission de voix.*

TABLEAU GÉNÉRAL

Renfermant toutes les lettres et toutes les syllabes qui peuvent entrer dans la formation des mots, et dont la connaissance parfaite est indispensable pour initier méthodiquement les jeunes élèves à l'orthographe, et pour perfectionner leur lecture généralement défectueuse.

Consonnes indivisibles.

1º *simples*
ou formées d'une seule consonne.

**b c d f g h j k l m n
p q r s t v x z**

2º *composées*
ou terminées par *l* ou par *r*, ou commençant par *s* :
Sont exceptées les 4 dernières :

**bl cl fl gl pl — br cr
dr fr gr pr tr vr — sc
scl scr sp spl spr st str
— ch gn ps ph**

3º *semblables*
ou formées de deux mêmes lettres.

**bb cc ff gg ll mm nn
pp rr ss tt**

Consonnes divisibles
ou toutes combinaisons autres que les trois précédentes.

1º *disjointes.*

**bd ct dj gm rt rj lp
lph pt etc. etc.**

Voyelles indivisibles.

1° *simples*
ou formées d'une seule
voyelle.

a e é ĕ è i o u y

2° *composées*
ou commençant par une
ronde et terminant par
une droite.

ai ei — oi — au eau.
— eu œu — ou oui

3° *nazales*
terminées par *m* ou *n*.

am an em en — im
in aim ain eim ein.
— om on — um un —
oin ouin — ien.

4° *à son mouillé*
terminées par *il*.

ail — eil œil — euil
ueil — ouil — ill.

Voyelles divisibles
ou toutes combinaisons autres que les quatre précédentes.

1° *disjointes.*

aa ao, ea eo, oa oo,
— ii iu ui — ia ie io
— ua ue uo

2° *à tréma.*

aë oë — aï oï —
aü oü — üe

3° *accentuées.*

aé   ié   oé   ué.
éa   éi   éo   éu

EXERCICES SYLLABIQUES

ou

EXERCICES PRÉPARATOIRES

A L'ORTHOGRAPHE.

1° Des Consonnes indivisibles.

1° Exercice et dictée sur les mots à syllabes formées d'une consonne simple, telles que *b*, *c*, *d*, etc.. et d'une voyelle simple, telles que *a*, *e*, *i*, *o*, *u*, *y*. (Voyez page 2 et 3.)

Les élèves après avoir copié les mots ci-dessous, sépareront les syllabes après chaque voyelle, exemple : rô le.

Mots de deux syllabes.

â-me*, é lu, é té, î le, o de, u ne, ce ci, date, papa, rôle, hôte, joli, lune, kilo, mère; tête, luxe, zéro, figue, vécu, reçu, gâté, rose, cage, pôle, jupe, lire, dôme, face, site.

Mots de trois syllabes.

a-rê-ne, élève, obole, unité, badine, méthode, facile, liquide, humide, carafe, délice, azuré, maxime, qualité, domino, façade, négoce, musique, cigare, topaze, girafe, canari.

Mots de quatre ou de cinq syllabes.

A-mé-ri-que, iniquité, badinage, habitude, rapidité, félicité, palatine, azérole, mémorative, humanité, numérique, fidélité, monopole, maléfice, caricature, camarade, galopade.

* La voyelle seule peut aussi former syllabe.

2° Exercice et dictée sur les mots à syllabes formées les unes de l'élément précédent et les autres d'une consonne composée, telles que *bl*, *cl*. *dr*, *fr*, etc., et d'une voyelle simple. (Voyez p. 2 et 3.)

Les élèves suivront le procédé du 1er Exercice.

Mots de deux syllabes.

bla-me, raclé, flore, glané, plume, bible, clore, prise, raflé, blasé, sable, flûte, réglé, place, baclé, plane, drôle, cable, brûlé, prune.

Mots de trois syllabes.

a-bri-té, église, délivré, préparé, girofle, trinité, globule, procédé, cravate, l'abrégé, l'agrafe, capable, caprice, déchiré, éclipse.

Mots de quatre ou de cinq syllabes.

é-plu-chu-re, dramatique, crédulité, promenade, charivari, primitive, déplorable, kilomètre, l'obliquité, l'écriture, magnifique, scolarité, muscle, scruté, stable, scrupule, dispute, scolastique, disputé, justice, disque, prologue, agréable, charitable, chemise, chronologie, fluviale, flibusterie, grenade.

3° Exercice sur les mots à syllabes formées les unes des deux éléments précédents, et les autres d'une consonne semblable telles que *bb*, *dd*. etc., et d'une voyelle simple. (Voyez p. 2 et 3.)

Les élèves suivront le procédé du 1er Exercice.

a-bbé, offre, basse, chiffre, brosse, molle, flatté, grippe, allumé, opposé, donné, acquitté, supplice, arrivé, aggravé, commune, flatterie.

Des Consonnes divisibles.

4° Exercice sur les mots à syllabes formées les unes des trois premiers éléments précédents et les autres d'une consonne divisible, telles que *rb*, *dj*, etc., suivie d'une voyelle simple. (Voyez page 2 et 3.)

Les élèves suivront le procédé du 1er exercice, mais d'après excepcilion unique ils couperont la syllabe après une des consonnes qui suit la voyelle, lorsque cette consonne fait partie des consonnes divisibles; exemple : col por ta ge.

Mots de deux syllabes.

ac--te, orme, urne, arbre, opta, ferme, mordre, bémol, motif, clarté, parti, barbe, flegme, perdre, sparte, l'herbe, l'orgue, marbre.

Mots de trois syllabes.

ar--mu--re, alphabet, Edvige, archiduc, dictera, voltigé, précepte, doctoral, reptile, fortune, regardé, colporté, virgule, spectacle.

Mots de quatre ou de cinq syllabes.

ar--ti--fi--ce, énigmatique, aptitude, sortilége, hermétique, philadelphe, dogmatisé, surprise.

Des Voyelles divisibles.

5° Exercice sur les mots à syllabes formées des éléments précédents et suivies de voyelles divisibles, telles que *aa, ii, ia,* etc. *aë, oë,* etc. *éa, éi,* etc. (Voyez p. 2 et 3.)

Les élèves suivront le procédé du 1er et du 4me Exercice.

aa, ao.

a--a--ro, baal, naab, sahara, raasa, aagard, Aldahamar, laodicée, paoli, cacaote, Cahors.

ea, eo.

ju--gea, négligea, obligea, corrigea, Georges.

oa, oo.

o--a--sis, boa, coalisé, coadjugé, rétroactif, Zoroastre, zoologue, zoophite, cohorte, alcohol, zoophage, Moabite, coagulé.

ii, iu.

é-tu-di-i-ez, négociiez, fortifiiez, justifiiez, gratifiiez, diurne, réliure, Fabius, Publius, pliure, sciure, bénéficiiez, Fabricius.

ui, ia, ie, io.

lu-i, celui, nuit, tuile, suite, truite, fruits, bruit, diadême, dialogue, cordialité, amiable, pliage, amie, folie, maladie, tragédie, comédie, harmonie, iota, idiome, curiosité, période, bariolé.

ua, ue, uo.

re-mu-a, évalua, statua, habitua, reflua, obstrua, il salue, il diminue, il habitue, duo.

aë, oë.

Mi-za-ël, Hazaël, Ismaël, Cosroës, Israël.

aï, oï, üe.

na-ï-ve-té, danaïde, mosaïque, Moïse, héroïne, Joïada, Zénaïde, conoïde, ovoïde, cigüe.

aü, oü.

Sa-ül, Ésaü, Danaüs, Aristonoüs, Pirithoüs.

aé, ié, oé, ué.

a-é-ros-tat, aériforme, Aglaé, aérifère, aéromètre, aliéné, dédié, amitié, associé, crucifié, spolié, Noé, Zoé, Noémi, Noéli, boédromie, cohérité, salué, distribué, habitué, statué.

éa, éi, éo, éu.

bé-a-ti-tu-de, généalogie, agréable, théâtre, malléable, obéi, déité, véhicule, météore, géographie, géométrique, théologie, réuni, Séleucus, Jéhu, réussite, géogonie, théorie.

Des Voyelles indivisibles.

6° Exercice sur les mots à syllabes formées des 4 éléments précédents et d'une voyelle composée, telles que *ai*, *ei*, *oi*, etc. (Voir page 2 et 3.)

Les élèves suivront le procédé du n° 1er et du 4me Exercice, et couperont les syllabes après chaque voyelle indivisible et chaque voyelle divisible.

ai, ei, oi.

pa-lais, portrait, reine, peine, veine, feignit. peigne, enseigne, pleine, poire, toile, ivoire, miroir, pleuvoir, espoir, froid, tiroir.

au, eau.

au-ne, aurore, jaune, épaule, émeraude, chaude, eau, plumeau, manteau, tableau, Fontainebleau, vermisseau, plateau, ciseau, couteau, maréchaux, généraux, chevaux.

eu, œu.

Eu-ro-pe, jeune, feu, jeu, bleu, fleuve, preu-ve, fleurir, vœu, œuf, nœud, sœur, bœuf, cœur, mœurs, désœuvré, Fleurus, heure.

ou.

pou-le, joujou, déroute, roux, tambour, partout, filou, verrou, clou, doué, noué, déroute, foule, sapajou, coupure, loué.

7° Exercice sur les mots à syllabes formées des 5 éléments précédents et suivies de voyelles nazales : *am*, *en*, etc. (Voir page 2 et 3.)

Les élèves suivront le procédé du 1er, du 4me et du 6me Exercice.

am, an, em, en.

am-be, jambe, lampe, campagne, rampe,

flambeau, danse, bilan, orange, rang, offrande, philosophant, empire, emprunteuse,
temple, trempe, tremble, vente, fente, diligen-
ce, méprendre, splendide, remplissage.

im, in, aim, ain, eim, ein, om, on.

im–po–li, simple, limpidité, grimpé, timbale,
guimpe, inde, mince, fin, raisin, chemin,
dauphin, instinct, faim, daim, ainsi, main,
demain, plaindre, parrain, rein, serein,
éteindre, plein, enfreindre, astreindre, ombre.
pompe, rompre, plombé, trompé, prompte,
once, ronde, monde, fanfaron, fronde, feston,
parfum, humble, lundi, aucun, chacun,
Embrun, emprunteuse, Melun.

oin, ouin.

soin, loin, témoin, besoin, poindre, poings,
joindre, babouin, chafouin. flouin, joint.

8° Exercice sur les mots à syllabes formées des six éléments précédents et suivies des voyelles à son mouillé : *ail*, *eil*,
etc. (Voir page 2 et 3.)
Les élèves suivront le procédé du 1er, du 4me et du 6me Exercice.

ail, eil, euil, ueil, ouil, ill.

tra-vail-lé, caillou, bataille, soleil, pareil,
conseil, éveillé, conseillé, émerveillé, seuil,
cerfeuil, écureuil, chevreuil, feuille, veuille,
écueil, recueil, orgueil, cueilli, accueilli,
orgueilleux, mouillé, brouillé, bouilli, cha-
touilleux, gazouillé, fille, famille, mantille,
habillé, quille, sillonné; tressaillir; coquillage.

9° Exercice sur les éléments variables

au commencement et dans le corps du mot.

*Les élèves copieront et écriront sous la dictée les exercices sui-
vants après avoir bien appris les principes qui s'y rapportent.*

1ʳᵉ SECTION.

ill   *au commencement du mot ne
fait point prononcer les* ll
mouillés. . . . .   il l

y   *après une voyelle et dans le corps
du mot s'emploie pour deux
ii , ainsi :* ay , ey , oy , uy *se
prononcent.*. . . . .   ai ei i oi i ui i

y   *partout ailleurs ne s'emploie que
pour un.*.   i

il légitime	crayon	style	yacht
il lusion	asseyez	symétrie	yatagan
il lustre	voyelle	analyse	dey
il légal	fuyez	syrie	bey

2ᵉ SECTION.

x   *suivi d'une consonne ou précédé de* e *médial
se prononce* . . . .   kze

x   *précédé de* e *initial et placé devant une voyelle se prononce* . . . .   gze

x   *dans les mots de la troisième colonne se
prononce* . . . .   se

x   *dans les dérivés de* deux, six *et* dix *se prononce.* . . . .   ze

exception	exil	Auxère	deuxième
excitation	exorde	Bruxelles	deuxiè^{ment}
extrême	examiné	soixante	sixième
flexible	exercé	six	sixain
Alexandre	exaucé	dix	dixième

e	devant x se prononce	è
e	n'étant pas la dernière lettre de sa syllabe se prononce.	è
e	suivi d'une consonne semblable ou d'une consonne composée dont la première commence par s se prononce	è
e	suivi de mm médial se prononce.	a

exil	ferme	messe	femme
exorde	mortel	mienne	prudemment
examiné	perdre	terre	décemment
exaucé	versé	appelle	précédemment
exhorté	précepte	espoir	différemment
sexe	flegme	*Excepté les mots composés de l'initiale res comme : res-sentir, ressor-tir, etc.*	sciemment
flexible	reptile		éloquemment
lexique	herbe		éminemment
Mexique	vertige		diligemment

3e SECTION.

tion	suivi de n se prononce	sio
tion	non précédé de s ou de x et placé dans un mot qui peut être précédé de la se prononce	sion
tion	dans un mot qui peut être précédé de nous se prononce	tions

actionnaire	la nation	nous portions
pétitionnaire	la sensation	nous jetions
dictionnaire	la locution	nous vantions
affectionné	l' élévation	nous chantions
perfectionné	l' action	nous écoutions
sanctionné	la portion	nous quittions
intentionné	la fraction	nous prêtions
conditionnel	l' audition	nous citions
proportionnel	la caution	*Excepté*
additionnel	la munition	nous balbutions
factionnaire	la condition	nous initions

Exercice sur les éléments variables à la fin des mots.

1re SECTION.

ent	*précédé d'une voyelle composée ne se pro-* *nonce pas.. . . . .*	»
ent	*dans les autres mots qui peuvent être pré-* *cédés de ils ou de elles se prononce .*	e
ent	*dans toute autre circonstance se prononce*	an

ils voient	ils aiment	l'accent
ils riaient	ils obéissent	le serpent
ils louaient	ils chantent	convalescent
elles savaient	ils déjeunent	indécent
elles couraient	elles enseignent	prudents
ils envoient	elles prient	fréquents
ils jouent	elles rient	fervents

2e SECTION.

en	*dans les syllabes* ien, yen, éen *se pron.*	èn
en	*dans les syllabes en* ience, ient *se prononce*	an
en	*dans les deux mots* tient, vient *et leurs* *composés se prononce . . . .*	èn

bien	science	il tient
chien	audience	il appartient
moyen	expérience	il soutient
citoyen	orient	elle vient
européen	client	elle convient
phocéen	récipient	elle parviendra

PREMIÈRE PARTIE.

EXERCICES ORTHOGRAPHIQUES

ou

NOUVELLE PRAXIGRAPHIE

sur la

LEXICOLOGIE.

> La théorie est imparfaite sans l'expérience, et l'expérience sans la théorie n'est qu'une misérable routine.
> (DE SURGÈRES.)
>
> Le chemin est long avec les préceptes, il est court avec les exemples.
> (SÉNÈQUE.)

LEXICOLOGIE.

CHAPITRE PREMIER.

DU SUBSTANTIF ou NOM.

DÉFINITION.

1er Exercice *sur le Substantif en général.* (Voir n° 1 de *l'Abrégé*.)

Les Élèves en copiant les phrases ci-dessous souligneront les Substantifs qu'elles renferment.

Le *ciel* est le *trône* de la *divinité*. La religion est la base de toutes les vertus. La rose est la reine des fleurs. La violette est l'image de la modestie. La routine est le sentier de la médiocrité. La fleur passe vite comme l'homme. Les fleurs des arbres reverdissent au printemps. Le soleil est la vie du monde. Les enfants doivent à leurs parents l'amour, le respect et l'obéissance. De limpides ruisseaux coulaient avec un doux murmure.

DIVISION.

2me Exercice *sur les Substantifs communs et les Substantifs propres.* (Voir n° 2 de *l'Abrégé*.)

Les Élèves en transcrivant les phrases ci-dessous mettront un tiret et les initiales *sub. com.* au-dessous de chaque Substantif commun, et les initiales *sub. pro.* au-dessous de chaque Substantif propre.

Dieu d'un *regard* a formé l'*Univers*. L'invention des
s. pro.   s. c.   s. pro.
Aréostats est due à Montgolfier, d'Annonay. La Géographie divise le globe en cinq parties, l'Europe, l'Asie,

NOTE. *Il est important de lire la fin de la Préface pour comprendre toute l'utilité de ces exercices.*

l'Afrique, l'Amérique et l'Océanie. Fénélon a illustré l'archevêché de Cambrai et Bossuet l'évêché de Meaux. La France est la reine du monde. Charlemagne, S⁺-Louis, Henri IV et Louis XIV ont été célébrés par les poètes et et les historiens. Newton ne prononçait jamais le nom de Dieu sans ôter son chapeau.

Note. On écrit par une majuscule la première lettre dé chaque phrase et de chaque substantif propre.

3ᵐᵉ Exercice *sur les Substantifs collectifs.* (Voir n° 3 de *l'Abrégé.*)

Les Élèves mettront les initiales *sub. col. gén.* au-dessous de chaque Substantif collectif général ; et les initiales *sub. col. part.* au-dessous de chaque Substantif collectif partitif.

Dans la *foule* la vanité donne des vertiges. La totalité des enfants sacrifie l'avenir au présent. La plupart des cavaliers périrent en route de faim et de misère. La multitude a toujours été l'ennemi des sages. Une infinité de philosophes ont proclamé l'existence d'un Être suprême. La foule des sénateurs romains parut à Cynéas une assemblée de rois. Un grand nombre de lacs et de rivières fertilisent l'Italie. Une innombrable quantité d'étoiles scintillent à la voûte des cieux. Le peuple est comme Cerbère que l'on endormait avec des gâteaux.

GENRE.

4ᵐᵉ Exercice *sur le genre des Substantifs.* (Voir n° 4 de *l'Abrégé.*)

Les Élèves, en transcrivant les mots ci-dessous, désigneront le genre de chaque Substantif, en faisant précéder les Substantifs masculins de *un* ou de *le*, et les Substantifs féminins de *une* ou de *la*. (Exemples : *l'homme ou un homme ; la femme ou une femme.*)

Homme, femme, lion, lionne, garçon, fille, cheval, jument, oncle, tante, coq, poule, roi, reine, parrain, marraine, capitaine, compagne, neveu, nièce, servante, chatelaine, prêtre, fleuriste, oiseau, planteur, chasseur, cousin, cousine, meunier, meunière, père, mère, sœur, oncle, prince, princesse, mouton, brebis, héros, reptile, navigateur, astronome, législateur.

5me Exercice *sur le genre des êtres épicènes, ou mots communs au mâle et à la femelle.* (Voir n° 5 de *l'Abrégé.*)

Les Élèves désigneront le genre de chacun des Substantifs suivants, en faisant précéder ou suivre le masculin du mot *mâle*, comme le *mâle de la perdrix* ou *la perdrix mâle ;* et le féminin du mot *femelle* comme : *la femelle de la perdrix* ou *la perdrix femelle.*

Perdrix, hirondelle, fauvette, souris, baleine, renard, écureuil, araignée, rossignol, chardonneret, papillon, pigeon, éléphant, serpent, paon, allouette, canari, épervier, merlan, truite, anguille, turbo, tourterelle, sansonnet, girafe, belette, mouche.

6me Exercice *sur le genre des objets.* (Voir n° 6 de *l'Abrégé.*)

Même règle qu'au 4e Exercice.

Soleil, lune, ciel, univers, château, maison, prairie, table, chaise, papier, plume, chapeau, jour, nuit, mer, Océan, fleuve, rivière, encrier, image, cheminée, mur, armoire, corbeille, orange, raisin, violette, émeraude, rubis, topaze, bronze, marbre, albâtre, arbre, fruit, campagne, éclair, nuage, brouillard, lampe, balance, miroir, victoire, vertu, prudence, bonté, adresse, probité. Lyon, Nantes, Marseille, Bordeaux, Constantinople, Alexandrie, Toulon, Rouen, Nancy, Dijon, Aix, Orléans.

NOMBRE.

7me Exercice *sur le nombre des Substantifs.* (Voir n° 7 de *l'Abrégé.*

L'Élève mettra l'initiale *sing.* au-dessous de chaque Substantif singulier et l'initiale *plu.* au-dessous de chaque Substantif pluriel.

Une *ville*, des *maisons*, mon frère, mes sœurs, vos
     sing.   plu.
parents, votre ami, la foudre, les éclairs, la modestie,

les jardins, la charité, un ange, des plumes, la sagesse, les lois, la reconnaissance, votre amitié, nos leçons, tes livres, une voix, son cheval, sa jument, votre bonté, sa douceur, les talents, ses vertus, des peuples, des lois, vos bienfaits, sa reconnaissance.

FORMATION DU PLURIEL.

8ᵐᵉ Exercice *sur la formation du pluriel dans les Substantifs.* (Voir nᵒ 8 de l'*Abrégé*.)

Les Élèves, après avoir transcrit en colonne les Substantifs suivants, mettront au pluriel ceux qui sont au singulier, et au singulier ceux qui sont au pluriel.

MODÈLE.

le livre	les livres	le peuple	les peuples
les montagnes	la montagne	les méthodes	la méthode

Exercice.

le parfum	les	le monument	les
le nuage	les	le danger	les
le disciple	les	le jardin	les
le papillon	les	le roi	les
le raisin	les	le soldat	les
le cœur	les	le poisson	les
les crayons	le	les fruits	le
les carosses	le	les doigts	le
les miroirs	le	les habitants	le
les marchands	le	les princes	le
les chemins	le	les trônes	le
la fontaine	les	la gloire	les
la récompense	les	la cérémonie	les
la feuille	les	la solitude	les
les louanges	la	les syllabes	la
les chaumières	la	les phrases	la
les tourterelles	la	les framboises	la
les grandeurs	la	les hirondelles	l'
les familles	la	les baleines	la
les rivières	la	les recoltes	la
les poires	la	les nations	la

EXCEPTION A LA FORMATION DU PLURIEL.

9me Exercice *sur la première classe des exceptions à la formation du pluriel dans les Substantifs ou sur les substantif terminés 1° par* s, z, x; *2° par* au *ou par* eu; *3° par* ou; *4° par* al; *5° par* ail. (Voir n° 9 de l'Abrégé.*

Les Élèves suivront le procédé du 8me Exercice.

I.

le repas	les		le succès	les
le choix	les		l'accès	les
le gaz	les		l'excès	les
le discours	les		le puits	les
le français	les		le lynx	les
le bois	les		le phénix	les
les lis	le		les nez	le
les procès	le		les commis	le
les cyprès	le		les lambris	le
les cours	le		les pays	le
les tapis	le		les noix	la
les mets	le		les perdrix	la

II.

le chapeau	les		l'anneau	les
le bandeau	les		le bureau	les
le cadeau	les		le noyau	les
les arbrisseaux	l'		les tuyaux	le
les cerceaux	le		les étaux	l'
les ruisseaux	le		les joyaux	le
le cheveu	les		le milieu	les
le jeu	les		le pieu	les
le neveu	les		l'adieu	les
les feux	le		les désaveux	le
les vœux	le		les enjeux	l'
les essieux	l'		les moyeux	le

III.

le bijou	les		le verrou	les
le caillou	les		le fou	les
le chou	les		le cou	les
le genou	les		le sou	les
les joujoux	le		les trous	le
les hiboux	le		les filous	le

IV.

le journal	les	l'aval	les
le général	les	le bal	les
le maréchal	les	le cal	les
le tribunal	les	le cantal	les
le canal	les	le carnaval	les
l'amiral	les	le cérémonial	les
les arsenaux	l'	les chacals	le
les fanaux	le	les nopals	le
les maux	le	les pals	le
les cristaux	le	les regals	le
les chevaux	le	les servals	le

V.

le gouvernail	les	le bail	les
l'éventail	les	le corail	les
le portail	les	l'émail	les
les camails	le	les soupiraux	le
les détails	le	les travaux (*occupation*)	le
l'épouvantail	les	les travails (*machine,*	
l'attirail	les	*compte*) le	

10me **Exercice** *sur la seconde classe des exceptions à la formation du pluriel dans les Substantifs ou sur les mots* CIEL, OEIL, AIL, AÏEUL, BERCAIL *et* BÉTAIL. (Voir n° 10 de l'*Abrégé*.)

Les Élèves suivront le procédé du 8me Exercice.

le ciel (*demeure céleste, ou le firmament*) les		l'ail (*légume ou tubercule*)	les
le ciel (*de lit, de tableau, de carrière, de température.*) les		l'ail (*en terme de botanique*)	les
l'œil (*organe de la vue*) les		l'aïeul (*ancêtres*)	les
l'œil (*de bœuf, du fromage, de perdrix*) les		l'aïeul (*grand-père paternel et grand-père maternel*)	les
le bétail (*n'a pas de pluriel.*)		les bestiaux (*n'a pas de singulier*)	
le bercail (*n'a pas de pluriel.*			

11ᵐᵉ Exercice *sur la troisième classe des exceptions à la formation du pluriel dans les Substantifs, ou sur les mots* monsieur, madame, *etc., et sur les Substantifs terminés en* ant *ou* ent. (Voir le n° 11 de l'*Abrégé*.)

Les Élèves suivront le procédé du 8ᵉ Exercice.

I.

monsieur	mes	mademoiselle	mes
mesdames	ma	messeigneurs	mon

II.

l'enfant	les	le talent	les
les parents	le	l'habitant	les
le confident	les	le savant	les
les diamants	le	le gant	les
les intendants	l'	les vents	le
les éléphants	l'	la dent	les
les instruments	l'	les touts (*substantif*)	le

12ᵉ Exercice et **Modèle** *sur l'analyse simple du substantif.*

Les Élèves désigneront les quatre modifications suivantes du substantif, savoir : *la nature, l'espèce, le genre et le nombre* de chaque substantif. (Voir à la fin de la *Lexicologie*.)

	DÉFINITION.	DIVISION.		GENRE.	NOMBRE.
Livre.	Subst.	Commun.	«	Mas.	Singulier.
Table.	Subst.	Commun.	«	Fém.	Sing.
Justice.	Subst.	Commun.	«	Fém.	Sing.
César.	Subst.	Propre.	«	Mas.	Sing.
Paris.	Subst.	Propre.	«	Mas.	Sing.
Multitude.	Subst.	Commun.	col. gén.	Fém.	Sing.

Analysez de même : père, sœur, maison, courage, sagesse, Edouard, Isabelle, Rome, Paris, Peuple, multitude, choix, gaz, chapeau, cheveu, bijou, verrou, journal, cérémonial, gouvernail, plume, nuage, espérance, faveur, bonté, réjouissance, amitié, prudence, vertu, félicité, activité, gloire, nation, armée, orgueil, moisson, fleur, violette, prairie, feuillage, verdure.

13ᵉ Exercice et **Modèle** *sur les analyses motivées.*

Les Élèves procéderont comme à l'analyse simple, de plus ils motiveront *la nature*, *l'espèce*, *le genre et le nombre* de chaque substantif.

LIVRE   *Substantif com. mas. sing.*—*Subst.*, parce qu'il représente un objet existant dans la nature.—*Commun*, parce qu'il désigne tous les objets de la même espèce. — *Mas.*, parce que l'usage lui a donné ce genre par imitation. — *Sing.*, parce qu'il ne représente qu'un seul objet.

(Voir le modèle d'analyse d'une phrase complète à la fin de la Lexicologie.)

Analysez de même les mots de l'analyse précédente ; tels que : sœur, maison, courage, sagesse, Edouard, Isabelle, Rome, Paris, peuple, multitude, choix, gaz, chapeau, cheveu, bijou, verrou, journal, cérémonial, gouvernail, plume, nuage, etc., etc.

14ᵉ Exercice ou **Dictée** *prise dans les exercices précédents*

L'Élève écrira à la dictée des phrases courtes et simples des exercices précédents, et en décomposera, à haute voix, les mots en syllabes ; ainsi au mot *justice*, il dira : *jus — ti — ce*. Pour faciliter cet exercice et initier promptement les élèves aux premières notions de l'orthographe, voyez les principes des *Exercices Syllabiques*.

CHAPITRE II.

DE L'ARTICLE

DÉFINITION ET DIVISION.

15ᵉ Exercice *sur l'emploi de l'article simple, élidé et contracté.* (Voir n° 12 de l'*Abrégé*.)

L'Élève mettra un tiret et les initiales *art. sim.*, au dessous de chaque article simple ; les initiales *arti. éli.*, au-dessous de chaque article élidé ; et les initiales *arti. contr.*, au dessous de chaque article contracté ou composé.

La société avec des livres vaut mieux que la société avec des sots. — Le vice et la vertu, le mensonge et la vérité, l'égoïsme et la bonté feront toujours mauvais ménage. —

L'homme poursuit le plaisir comme l'enfant un oiseau. — Les athées n'ont jamais répondu à cette question : — l'horloge prouve un horloger. — Au charme de la beauté, elle joint le mérite d'une rare modestie. — Le onze juillet. — La ouate dans les habits sert à masquer les défectuosités de la nature. — Les apôtres annoncèrent l'évangile aux nations.

16ᵉ Exercice.

L'Élève remplacera le tiret par un des articles simples, élidés ou contractés selon que l'exigera chaque substantif.

— bonheur — peuple et — tranquillité d'un état dépendent de — bonne éducation de — jeunesse. — Étoile — matin annonce — retour — soleil. — Rossignol est — chantre — bois. — Homme est — roi de — nature. — Oreille est — chemin — cœur. — Petits oiseaux, Dieu donne — pature. — Premier devoir — citoyens est — obéissance — lois. — Travail calme — passions, il occupe — esprit, il éloigne — ennui. — 'Amour — de — patrie est naturel à tous — hommes. — livres sont — conseillers muets et fidèles. — vertu — génie — travail conduisent — bonheur.

17ᵉ Exercice et Modèle *sur l'analyse simple.*

De l'article et du substantif.

DÉFINITION.	DIVISION.	GENRE.	NOMBRE.	FONCTION.
Le.	Article.	Simple.	Masculin.	Singulier.
La.	Art.	Simple.	Féminin.	Sing.
Les.	Art.	Simple.	Masc. fém.	Plur.
Au.	Art.	Comp.	Masculin.	Sing.
Du.	Art.	Comp.	Masculin	Sing.
Aux.	Art.	Comp.	Masc fém.	Plur.
Des.	Art.	Comp.	Masc. fém.	Plur.
Le.	Art.	Simple.	Masculin.	Sing. Déterminant *père.* (1)
Père	Subst.	Comm.	Masculin.	Sing.

Analysez de même : le jardin, la promenade, du fruit, le plateau, la fortune, au mérite, des flambeaux, aux nations, l'intelligence, le joujou, des enfants, aux fleurs, l'habitant, la vertu, le génie, le soleil, aux plantes, des promesses, des bijoux, les tribunaux, le corail, le ruisseau, du gazon.

CHAPITRE III.

DE L'ADJECTIF.

DÉFINITION.

18ᵐᵉ Exercice *sur l'Adjectif qualificatif.* (Voir n° 13 de *l'Abrégé.*)

L'élève en copiant les phrases ci-dessous, soulignera les Adjectifs qu'elles renferment.

Le jardin *élégant*. Du fruit vert. Aux plantes jolies. Le vieillard vénérable. L'historien célèbre. Le mérite est simple et modeste. Les faux talents sont hardis, simples et adroits. Les eaux pures et abondantes jaillissent de la terre. Les douces rosées rafraîchissent les airs. Une mémoire active et fidèle double la vie. Les grandes pensées viennent du cœur. L'oranger borde de ses fruits dorés les campagnes du midi. Un enfant studieux, poli et tranquille est sûr d'être aimé de tout le monde.

DIVISION.

19ᵐᵉ Exercice *sur l'Adjectif déterminatif, numéral, démonstratif, possessif, indéfini.* (Voir n° 14 de *l'Abrégé.*)

L'Élève mettra un tiret et les initiales *adj. num.* au-dessous des Adjectifs numéraux ; *adj. dém.* au-dessous des démonstratifs ; *adj. posses.* au-dessous des possessifs, et *adj. ind.* au-dessous des indéfinis.

Un bienfait n'est jamais perdu. La reconnaissance est un des premiers besoins d'une belle âme. Rome fut fondée l'an mille sept cent avant Jésus-Christ. Ce hameau est bâti sur le penchant de la colline. Cet enfant est présomptueux. Ces débris attestent l'antique magnificence du monument. Les aimables qualités charment tout le monde. Le verbe est au cinquième chapitre de la grammaire. La parole de Dieu est sainte, sa demeure est sacrée ; sa loi est grande ; sa main est puissante ; sa providence est souveraine. Les roses de votre jardin se sont épanouies. Chaque nation a ses lois et ses mœurs. Le ciel est notre véritable patrie. Ces ruisseaux entraînent des cailloux dans leurs eaux. Votre bonne conduite fera la joie de vos parents. Nulle paix pour l'impie. Quelle puissance a dicté des lois à l'univers. Apprenons de bonne heure à modérer nos désirs. Les enfants sont tels que l'éducation les forme. Apportez chaque jour une corbeille de terre et vous ferez une montagne. Mettons en Dieu toute notre confiance.

Liste des principaux Adjectifs numéraux.

Un	Premier	ement		
Deux	⎰ Second	ement		Double.
	⎱ Deuxième (1)	ment		
Trois	Troisième	ment		Triplé
Quatre	Quatrième	ment	Quatrain	Quadruple
Cinq	Cinquième	ment		Quintuple
Six	Sixième	ment	Sixain	Sextuple
Sept	Septième	ment		
Huit	Huitième	ment	Huitaine	
Neuf	Neuvième	ment	Neuvaine	
Dix	Dixième	ment	Dixaine	Décuple
Onze	Onzième	ment		
Douze	Douzième	ment	Douzaine	
Treize	Treizième	ment	Treizaine	
Quatorze	Quatorzième	ment	Quatorzaine	
Quinze	Quinzième	ment	Quinzaine	
Seize	Seizième	ment		
Dix-sept	Dix-septième	ment		
Dix-huit	Dix-huitième	ment		
Dix-neuf	Dix-neuvième	ment		
Vingt	Vingtième	ment	Vingtaine	Vingtuple
Trente	Trentième	ment	Trentaine	Trentuple
Quarante	Quarantième	ment	Quarantaine	Quarantuple
Cinquante	Cinquantième	ment	Cinquantaine	Cinquantu l e
Soixante	Soixantième	ment	Soixantaine	Soixantuple
Soixante-dix	soixante-dixième	ment 2		
Quatre-vingt	quatre-vingtième	ment		
Quatre-vingt-dix	quatre-vingt-dixième	ment 2		

(1) En Arithmétique, on dit : *un demi, un tiers, un quart.*
(2) Dans la comptabilité, on dit : *septante, nonante.*

Cent	Centième	ment	Centaine	Centuple
Mille	Millième	ment		
Million	Millionième	ment		
Billion	Billionième	ment		
Trillion	Trillionième	ment		
Quatrillion	Quatrillionième	ment		
Quintillion	Quintillionième	ment		
Sextillion	Sextillionième	ment		

FORMATION DU FÉMININ.

20ᵐᵉ Exercice *sur la formation du féminin dans les adjectifs.* (Copier le nº 15 de l'*Abrégé*.)

L'Élève après avoir copié les adjectifs suivants, mettra au féminin ceux qui sont au masculin, et au masculin ceux qui sont au féminin. Si le professeur veut multiplier les exercices . il fera ajouter à chaque adjectif, tantôt un substantif masculin ou féminin, tantôt un susbtantif singulier ou pluriel.

Verdoyant	Vain	Vert	Éclatant
Poli	Dévoué	Sourd	Certain
Sage	Guerrier	Limpide	Superbe
Diligent	Doré	Petite	Blond
Prompt	Modeste	Profonde	Patiente
Parfaite	Splendide	Principale	Ronde
Prudente	Justice	Fraîche	Adroite

EXCEPTIONS A LA FORMATION DU FÉMININ.

21ᵐᵉ Exercice *sur la première classe des exceptions ou sur les adjectifs* 1º *en* EL, EIL, EN, ON , ET, — 2º *sur* NUL , GENTIL, *etc.* — 3º *sur* BEAU , NOUVEAU, FOU , MOU, VIEUX. (Copier le nº 16 de l'*Abrégé*.)

L'Élève suivra le procédé du précédent exercice.

Éternel	Vermeil	Mignon	Éternel		
Bon	Musicien	Quotidien	Matériel		
Muet	Aérien	Rationnel	Constitutionnel		
Spirituel	Universel	Violet	Secret		
Discret	Indiscret	Inquiet	Essentielle		
Sureté	Conditionnelle	Nette	Personnelle		
Nulle	Superficielle	Ponctuelle	Métisse		
Gentille	Chrétienne	Épaisse	Beau	bel	belle
Sotte	Originelle	Grosse	Nouveau	nouvel	nouvelle
Ieillotte	Visuelle	Officielle	Fou	fol	folle
Basse	Magicienne	Expresse	Mou	mol	mol

22ᵐᵉ Exercice *sur la seconde classe des exceptions ou sur les adjectifs terminés* 1° *en* c, — 2° *en* x, — 3° *en* f, — 4° *sur* hébreu, — 5° *sur* témoin, etc. — 6° *sur* favori, *etc.* (Copier le n° 17 de l'*Abrégé*.)

L'Élève suivra le procédé du précédent exercice et désignera par une étoile les quelques adjectifs qui ne s'emploient pas au féminin.

Blanc ..	Doux .	Administratif .	Partisan	*
Franc ..	Préfix .	Comparatif ..	Témoin	.
Caduc ..	Vieux .	Constitutif .	Ponceau	..
Turc ..	Bleu .	Actif .	Délicieux	.
Grec ..	Bref .	Rétif .	Précieux	.
Heureux ..	Captive	Craintif .	Coi	..
Belliqueuse	Naïve	Fugitif .	Long	.
Ambitieuse	Grognon *	Vif .	Nébuleux	.
Dangereuse	Favorite	Tardif ..	Bénin	.
Facheuse	Joyeuse	Hébreu *	Jumeau	.
Orgueilleuse	Tierce	Dispos *	Malin	..
Merveilleuse	Fraîche	Vélin *	Comparatif	
Jalouse	Négative	Fat *	Décisif	

23ᵐᵉ Exercice *sur la troisième classe des exceptions ou sur les adjectifs en* EUR *qui changent* EUR 1° *en* EURE, — 2° *en* EUSE, — 3° *en* RICE, — 4° *en* ERESSE, *etc.* (Copier le n° 18 de l'*Abrégé*.)

L'Élève suivra le procédé du précédent exercice.

Antérieur .	Ambassadeur .	Extérieur .	Opérateur .
Chanteur .	Délateur .	Soufleur .	Professeur .
Conteur .	Supérieur .	Postérieur .	Rêveur .
Créateur .	Joueur .	Gouverneur .	Auteur .
Approbateur .	Enchanteur .	Pêcheur .	Grondeuse
Flatteuse	Imprimeur	Vendangeuse	Demandeuse
Littérateur	Protectrice	Voleuse	Docteur
Meilleure	Prêteuse	Mineure	Opératrice
Motrice	Vengeresse	Inspectrice	Consolatrice

FORMATION DU PLURIEL.

24me Exercice *sur la formation du Pluriel* (Copier le n° 19 de *l'Abrégé*.

L'Élève après avoir transcrit les phrases suivantes, mettra au pluriel celles qui sont au singulier, et au singulier celles qui sont au pluriel.

un écolier diligent	les	un peuple guerrier	les
un coursier prompt	les	un puits profond	les.
le livre ouvert	les.	le raisonnement subtil	les
un grand réservoir	les	un champ fertile	les
un délicieux jardin	des	un meuble nouveau	des
les jours éclatants	le	les fidèles serviteurs	le
les arbres verdoyants	l'	les cœurs honnêtes	le
des tableaux délicats	le	les demoiselles modestes	la
des enfants jaloux	l'	des fruits doux	le
des amis dévoués	l'	les ruisseaux limpides	le
le prince généreux	des	une femme auteur	des
une visite annuelle	des	la flotte turque	les
une couleur vermeille	des	un caractère doux	les
une réponse négative	des	une fausse sagesse	des
le discours bref	des	l'enfant bénin	des
un joujou mignon	les	l'esprit malin	des
le chapeau blanc	les	un tiers arbitre	des.
le verrou épais	des	le vent frais	les
la tourterelle craintive	des	une robe longue	les
l'histoire ancienne	les	le beau cheval	des
l'enfant jaloux	des	une pupille mineure	les
des fruits délicieux	le	les défenses expresses	la
les festins complets	un	ces rubis merveilleux	ce
les réjouissances publiques	la	des affaires majeures	les
leurs mets favoris	le	les amis discrets	un
des dames protectrices	une	les fruits surets	du
des inspecteurs indulgents	l'	leurs malheureuses destinées	sa
les concerts enchanteurs	le	les connaissances réelles	la
les santés caduques	la	les tigres cruels	le
les teints vermeils	le	les sentiments bas	le

25ᵐᵉ Exercice *sur l'accord des adjectifs en* AL.
Adjectifs en AL, *dont l'Académie a décidé que le pluriel
se forme en* AUX. *(Copier le n° 20 de l'Abrégé.)*

Les Élèves suivront le procédé précédent.

un éloge bannal	les	un acte illégal	les
le vœu baptismal	les	le manteau impérial	les
un bail biennal	les	le terrain inégal	les
l'os brachial	les	un bruit infernal	les
un acte brutal	les	le chemin latéral	les
le point capital	les	un jugement légal	les
un nombre cardinal	les	un prince libéral	les
un parent collatéral	les	un usage local	les
un traité commercial	les	un homme loyal	les
le dévouement cordial	les	le mouvement machinal	les
des pouvoirs décennaux	le	les contrats matrimoniaux	le
les principes doctrinaux	le	les horizons méridionaux	le
les biens dotaux	le	des principes moraux	le
des terrains égaux	le	des conseils municipaux	le
des colléges électoraux	le	des arts musicaux	le
les siéges épiscopaux	le	des partis nationaux	le
les jours équinoxiaux	le	des systèmes numéraux	le
des féaux serviteurs	le	les chants nuptiaux	le
les systèmes féodaux	le	les bords occidentaux	le
des décrets fiscaux	le	les nombres ordinaux	le
des principes fondamentaux	le	les préjugés orientaux	le
des vœux généraux	le	des tableaux originaux	le
les préceptes grammaticaux	le	des héritages patrimoniaux	le
le trône pontifical	les	le droit social	les
le parlement présidial	des	un talent spécial	des
un décret prévôtal	des	un jugement synodal	les
le royaume principal	les	un langage trivial	des
un verbe pronominal	les	un fonctionnaire vénal	des
l'accent provençal	les	un accord verbal	des
un système radical	des	un plan vertical	les
les fastes royaux	le	des aliments vitaux	un
des domaines ruraux	un	des airs martiaux	un
les vœux sacerdotaux	le	les sons nazaux	un
les châteaux seigneuriaux	le	des sirops pectoraux	le

Adjectifs en AL *dont les Auteurs et les Grammairiens forment le pluriel en* AUX.

le palais archiépiscopal	les	un complot idéal	des
le vent automnal	les	le livre immoral	des
le crépuscule boréal	des	le juge impartial	les
l'office canonial	des	le sens littéral	des
un accueil cérémonial	des	le corps médical	les
le bulletin collégial	les	le conseil médécinal	des
les liens conjugaux	le	les arbitres partiaux	un
des muscles cruraux	le	des droits primordiaux	le
les nombres décimaux	un	des discours paradoxaux	un
les procédés déloyaux	un	des mots proverbiaux	un
des plans horizontaux	le	des arcs triomphaux	un

Adjectifs en AL, *formant seuls leur pluriel en* ALS, *classés d'après leur ordre alphabétique afin de les retenir facilement.*

un conseil amical	les	un caractère jovial	les
un bâtiment colossal	les	un dévouement labial	les
un verbiage dental	les	l'oiseau matinal	les
un sort fatal	les	un trait médial	les
le sentiment filial	les	un son nazal	les
les mots finals	le	les combats navals	le
les repas frugals	le	des discours orals	le
les vents glacials	le	les cierges pascals	le
les mouvements gutturals	le	les codes pénals	le
les mots initials	le	les décors théâtrals	le

Adjectifs en AL , n'ayant pas de pluriel masculin.

MASC. SING. SANS PLUR.	FÉMIN. SING. et PLUR.	
le pôle austral	une région australe	les
le point central	une rue centrale	les
un système conjectural	la médecine conjecturale	les
un vœu clérical	l'organisation cléricale	les
un trait diagonal	une ligne diagonale	les
un sens diamétral	une ligne diamétrale	les
un raisonnement doctoral	une démarche doctorale	les
le palais ducal	la robe ducale	les
le procédé expérimental	une science expérimentale	les
un chant instrumental	la physique instrumentale	les
le temps immémorial	des dates immémoriales	les
un souvenir mental	les restrictions mentales	la
le pays natal	des villes natales	la
l'usage paroissial	des fêtes paroissiales	la
un air patriarchal	des mœurs patriarchales	la
le jour patronal	les fêtes patronales	la
un chemin transversal	des rues transversales	la
un discours sentimental	des paroles sentimentales	la
le vœu virginal	les palmes virginales	la
un ton vocal	les musiques vocales	la

26ᵐᵉ Exercice ou **Modèle** *sur l'analyse simple, de l'adjectif, de l'article et du substantif.*

	DÉFINI- TION.	DIVISION.	SUBDI- VISION.	GENRE.	NOMBRE.	FONCTION.	
Homme	Subst.	Commun.		Mas.	Sing.		
Prudent.	Adj.	Qualifica.		Mas.	Sing.	Qualifi.	*Homme.*
Le	Art.	Simp.		Mas.	Sing.	Déter.	*Feston.*
Joli	Adj.	Qualifica.		Mas.	Sing.	Qualifi.	*Feston.*
Feston.	Subst.	Commun.		Mas.	Sing.		
Cette	Adj.	Dét.	Dém.	Fém.	Sing.	Déter.	*Glace.*
Glace.	Subst.	Commun.		Fém.	Sing.		
Ses	Adj.	Dét.	Poss.	Mas.	Plu.	Déter.	*Jardins.*
Jardins.	Subst.	Commun		Mas.	Plu.		

Analysez de même : le mérite modeste. La grandeur véritable. L'homme bienfaisant. La vertu immortelle. Les avis salutaires. L'arbre fleuri. Cette ceinture blanche. La guerre dévastatrice. Vos soins affectueux. Son caractère noble et aimable.

27ᵐᵉ Exercice et **Modèle** *sur l'analyse motivée.*

HOMME   subst. com. mas. sing.
PRUDENT   *adjectif qual. masc. sing.* qualifiant homme,
           adject. parce qu'il qualifie le subst. homme,
           qual. parce qu'il marque la qualité de homme.
           — *masc.* parce que le subst. qu'il qualifie
           est de ce genre. — *sing.* parce qu'il ne qua-
           lifie qu'un subst. sing.

Analysez de même les mots précédents. (*Voir le modèle à la fin de la Lexicologie.*

CHAPITRE IV.

DU PRONOM.

DÉFINITION et DIVISION.

28ᵐᵉ Exercice *sur les Pronoms personnels.* (Copier le nº 21 de l'*Abrégé.*)

L'Élève soulignera chaque pronom personnel, et indiquera, après la phrase, si ce pronom est de la première, de la deuxième ou de la troisième personne du singulier ou du pluriel. (Exemple : *je plains le paresseux.*) *Je pron. pers.* du sing.

Je chéris ma mère. Tu pratiques la vertu. Il cultive les arts. Elle aime la musique. Nous protégerons l'innocence. Vous travaillerez avec zèle. Ils promettent une exacte obéissance. Elles prieront le Seigneur. L'étude me procure des charmes. Nous te féliciterons des succès que tu obtiendras. Elle se plait à la campagne. Moi, est la devise de l'égoïsme et de la vanité. Chacun songe trop à soi. Vous le guiderez dans le sentier de la vertu. Nous la récompenserons quand elle s'appliquera. Ils les encourageront. Sa mère lui écrivit, elle lui a répondu avec empressement. Je te reconnus toi, lui, elle et eux. Ce site est charmant, il leur plaît et j'en aime le séjour, nous nous y fixerons.

29ᵐᵉ Exercice *sur la distinction de* LE, LA, LES, *articles ou pronoms, et de* LEUR, *adjectif ou pronom.* (Copier le nᵒ 22 de l'*Abrégé*.)

Les Élèves mettront l'initiale *art.* au-dessous de *le*, *la*, *les*, articles; l'initiale *pron.* au-dessous de *le*, *la*, *les*, pronoms; l'initiale *adj* au-dessous de *leur* adjectif; les initiales *pron.*, *pers.* au-dessous de *leur* pronom personnel.

Le temps passe rapidement, nous le mettrons à profit. Les histoires intéressantes que vous m'avez racontées, je les ai retenues. Vos amis nous ont prêté leurs livres, nous leur en témoignerons de la reconnaissance. Aimons la vertu, préférons-la aux plus grandes richesses. La paresse étouffe les talents, l'activité les développe. Vous admirez les condisciples studieux, il faut de plus les imiter. La Grammaire est indispensable, vous devez la savoir.

30ᵐᵉ Exercice *sur les pronoms démonstratifs.* (Copier le nᵒ 23 de l'*Abrégé*).

L'Élève mettra un tiret et les initiales *pro. dém.* au-dessous de chaque pronom démonstratif.

Ce que je déteste le plus, c'est l'orgueil uni à l'ignorance. Ceci lui plaît, cela le contrarie. Celui qui aime Dieu aimera son prochain. Celui-ci est doux et affable, celle-là est pétulante et dédaigneuse. Les meilleures leçons sont celles d'un maître guidé par une bonne méthode. La vertu et le vice ont des fins bien différentes : celui-ci conduit à la mort, celle-là à la vie. Ceux qui vous flattent, vous perdent. Ceux-ci travaillent, ceux-là perdent leur temps. Les conquêtes de la clémence sont supérieures à celles de la valeur; celles-ci plaisent à quelques-uns et celles-là plaisent à tout le monde.

31ᵐᵉ Exercice *sur* CE *pronom démonstratif;* CE *adjectif démonstratif et* SE *pronom personnel* (Copier le nᵒ 24 de l'*Abrégé*.

L'Élève mettra les initiales *pro. dém.* au-dessous de CE pronom démonstratif; les initiales *adj. dém.* au-dessous de CE adjectif démonstratif, et les initiales *pro. pers.* au-dessous de SE pronom personnel.

Ce qui plaît chez une jeune fille c'est l'obéissance et la

modestie. Les vrais amis se présentent d'eux-mêmes dans l'adversité. Ce que je vois volontiers, c'est votre bonheur. Les plus grandes fortunes sont ce à quoi il faut le moins se fier. Ce dont vous vous énorgueillissez n'est pas ce qui vous rend estimable. Agir sans principe, c'est consulter sa montre après avoir placé l'aiguille au hasard. Ce peut être faux. Ce doit être vrai. Ce ruisseau qui murmure embellit la prairie. Ce ne sont ni les arts, ni les métiers qui dégradent l'homme, ce sont les vices honteux auxquels il se livre et dont il ne veut pas se corriger. Un tien vaut mieux, ce dit-on, que deux : tu l'auras. Il vaut mieux, ce semble, choisir le chemin le plus court. Ce jeune homme fait la joie de son père et de sa mère. La gloire s'achète au prix du bonheur, et le plaisir, au prix de la vertu.

32ᵐᵉ Exercice *sur les pronoms possessifs*. (Copier le n° 25 de l'*Abrégé*.)

L'Élève après avoir mis les initiales *pro. poss.* au-dessous de chaque pronom possessif et les initiales *adj. poss.* au-dessous de chaque adjectif possessif mettra, dans un second exercice, au pluriel, les phrases qui sont au singulier, et au singulier, celles qui sont au pluriel.

votre devoir est plus facile que le mien — vos

une rose plus belle que la tienne — des

le Tibre a son cours en Italie, le Rhône a le sien en France

ton amitié est moins sincère que la nôtre — tes

sa voix est sonore, et la vôtre est mélodieuse — leurs

son château est spacieux, le leur est petit mais élégant — vos

tes cahiers sont moins propres que les miens — ton

ses vêtements sont mieux faits que les tiens — son

tes occupations sont utiles, les siennes le sont bien davantage — ton

nous devons excuser aux autres leurs défauts, comme ils excusent les nôtres

nos contrées sont plus vastes, les vôtres sont plus fertiles — ma

ces enfants ont des qualités, et ceux-là ont les leurs — cet

33ᵐᵉ Exercice *sur les pronoms relatifs.* (Copier le nᵒ 26 de l'*Abrégé.*)

L'Élève mettra les initiales *pro. rel.* au-dessous de chaque pronom relatif et l'initiale *anté.* au-dessous de l'antécédent de chaque relatif.

Celui qui répand des bienfaits est béni de Dieu et des hommes. Ceux que nous dédaignons sont ceux quelquefois qui mériteraient le plus notre estime. La chose à laquelle la jeunesse pense le moins, c'est à l'avenir. Ne consultez pas celui dont le front est lisse, il ne réfléchit jamais. Le bonheur comme le papillon s'envole au moment où on croit le saisir. L'urbanité est le miroir sur lequel s'endorment les alouettes. Les Egyptiens avaient un bœuf auquel ils rendaient les honneurs de la divinité. Le cœur humain est un abîme au fond duquel se cache l'égoïsme. La félicité réelle après laquelle nous courons tous ne réside point ici-bas. Il est deux espèces d'hommes avec lesquels il ne faut avoir rien de commun : les méchants et les sots. L'estime à laquelle la vertu a droit. La bonne nature accorde l'amour-propre à ceux auxquels elle refuse de quoi se faire admirer. Les savants auxquels on doit de précieuses découvertes.

34ᵐᵉ Exercice *sur les pronoms interrogatifs.* (Copier le nᵒ 27 de l'*Abrégé.*

L'Élève mettra un tiret et les initiales *pro. int.* au-dessous de chaque pronom interrogatif.

Qui commence le mieux ne fait rien s'il n'achève? Qu'est-ce que l'année qui vient? une bulle colorée qui crèvera peut-être avant d'arriver à nous. Quoi de plus sublime que la clémence? Qui vit jamais se réaliser les rêves de son imagination?

35ᵐᵉ Exercice *sur les pronoms indéfinis.* (Copier le n° 28 de l'*Abrégé*.)

L'Élève mettra un tiret et les initiales *pro. ind.* au dessous de chaque pronom indéfini.

Y a-t-il *quelqu'un* qui puisse dire qu'il ne s'est jamais trompé ? Quiconque n'a pas de caractère n'est pas un homme, c'est une chose? Gardez-vous d'ulcérer qui que ce soit , chacun de vous a ses qualités et ses défauts. Les inférieurs en quoi que ce soit se vengent par la calomnie et la médisance. On ne peut aller loin en amitié si l'on n'est pas disposé à se pardonner les uns aux autres de petits défauts. Grippeminaud le bon apôtre mit les plaideurs d'accord en croquant l'un et l'autre. Il vaut mieux garder son secret que de le donner à garder aux autres. Celui qui admire de bonne foi le mérite d'autrui , ne peut en manquer lui-même.

36ᵐᵉ Exercice ou **modèle** *sur l'analyse simple.*

Du pronom.

	DÉFINITION.	DIVISION.	GENRE.	NOMBRE.	PERSONNE.
Je,	pronom	personnel,	2 genres	singulier,	1ʳᵉ per.
Tu,	pronom	personnel,	2 genres	singulier,	2ᵉ per.
Il,	pron.	pers. ,	masc.	sing. ,	3ᵉ per.
Celui-ci,	pron.	dém.	macs.	sing. ,	3ᵉ per.
Le mien,	pron.	poss. .	masc.	sing. ,	3ᵉ per.
Qui,	pron.	relat. ,	2 genres	2 nomb. ,	
()	pron.	inter. ,	2 genres	2 nomb. ,	
On,	pron. ind.		2 genres	2 nomb. ,	3ᵉ per.

Analysez de même : Je , nous , ils , elles , ceux-ci , lequel , on , moi , celui-là , les miens , auxquelles , chacun, la nôtre , l'un l'autre , celle-ci , etc.

37ᵐᵉ Exercice *sur l'analyse motivée.* — *Analysez les mots précédents* (Voir le modèle à la fin de la *Lexicologie*.)

Note. Considérez comme masculin , tout pronom , qui , n'ayant qu'une même forme pour les deux genres , comme *je , tu , nous , vous* , ne représente pas plutôt un sexe qu'un autre.

____

* *Qui, que,* sont de la même personne que leur antécédent.

CHAPITRE V.

DU VERBE.

DÉFINITION.

38ᵐᵉ Exercice *sur le verbe en général.* (Copier le nᵒ 29 de l'*Abrégé.*)

L'Élève en copiant cet exercice mettra un tiret et l'initiale *V.* au dessous de chaque verbe.

L'homme sage *écoute* beaucoup et *parle* peu. Dieu employa six jours à établir dans le monde la beauté et l'harmonie que nous y admirons. La Seine passe à Rouen. Le fleuve coule majestueusement vers l'Océan. A l'aspect du printemps tout renaît pour s'embellir, tout s'embellit pour plaire. L'ambition perd les hommes. Eustache de Sᵗ Pierre se dévoua pour sa patrie.

DIVISION.

39ᵐᵉ Exercice *sur le verbe* ÊTRE *et sur le verbe* AVOIR. (Copier le nᵒ 30 de l'*Abrégé.*)

L'Élève mettra sous le verbe *être* l'initiale *aux*, lorsque ce verbe est auxiliaire, et l'initiale *sub.* lorsqu'il est verbe substantif — de même il mettra, sous le verbe *avoir*, l'initiale *aux*, lorsqu'il est verbe auxiliaire, et l'initiale *act.*, lorsqu'il est verbe actif.

L'Éternel est son nom, le monde est son ouvrage. Il avait le souverain pouvoir. L'oisif n'est jamais bon citoyen. Cet élève aura un prix. L'instruction est un trésor, le travail en est la clé. L'oisiveté est la rouille de l'âme. L'Europe a dû sa politesse à la cour de Louis XIV. Alexandre après avoir tué Clitus ne voulait plus vivre, sa grande âme était consternée d'un emportement aussi funeste. Le mot argent est fatal aux amis, il a le talent de les changer en traîtres.

40ᵐᵉ Exercice *sur les verbes actifs*. (Voir n° 31 de l'*Abrégé*.)

L'Élève en copiant cet exercice mettra un tiret et les initiales *v. act.* au-dessous de chaque verbe actif.

Je reçois un présent. Tu visites le musée. Il admire les merveilles du ciel. Nous louons l'Eternel. Vous cultiverez les sciences. Ils respecteront la vieillesse. L'habitude forme une seconde nature. Le malheur éprouve l'homme. L'espérance console les malheureux. La modestie embellit le talent. Les lois protégent le mérite. La politesse ennoblit l'homme. La fortune déconcerte souvent nos projets.

41ᵐᵉ Exercice *sur les verbes passifs*. (Voir n° 32 de l'*Abrégé*.)

L'Élève mettra un tiret et les initiales *v. pa.* au-dessous de chaque verbe passif.

Ils sont décorés. Tu es ébloui de tout cet éclat. Nous serons défendus avec éloquence. Ils auraient été sauvés. Les honneurs ont été institués pour récompenser le mérite. Les grands parleurs sont comme des tonneaux vides qui résonnent plus que ceux qui sont remplis. Le grand Scipion fut reçu en triomphe après la défaite des Carthaginois. Les pyramides d'Egypte ont été mises au nombre des sept merveilles du monde.

42ᵐᵉ Exercice *sur les verbes neutres*. (Voir n° 33 de l'*Abrégé*.)

L'Élève mettra les initiales *v. n.* au-dessous de chaque verbe neutre.

Vous accéderez à leur proposition. Obéissez à vos parents. Il dormait profondément. Ils comparaîtront devant le juge suprême. J'ai concouru à une bonne œuvre. Nous dépendons de Dieu en toutes choses. L'huile coule à flots d'or au bord de la Durance. La rose vieillit en naissant. La vraie gaité naît de la bonté de l'âme.

43ᵐᵉ Exercice *sur les verbes pronominaux.* (Voir n° 34 de l'*Abrégé*.)

L'Élève mettra les initiales *ess. pro.* au-dessous de chaque verbe essentiellement pronominal, et *accid. pro.* au-dessous de chaque verbe accidentellement pronominal.

Je me promène. Il s'agenouillait. Nous nous formaliserons. Tu t'étais souvenu. Ils se seraient mépris. Que vous vous connussiez. Je m'applique à orner leur cœur et leur esprit. Les poltrons réunis se présentent mille dangers. Les villes que les premiers hommes se sont bâties, n'ont été qu'un amas de chaumières éparses çà et là. La fauvette avec ses petits se croit la reine du bocage. Le sage ne se repent pas, il se corrige ; le peuple ne se corrige pas, il se repent. Qui s'accuse se corrige.

44ᵐᵉ Exercice *sur les verbes unipersonnels.* (Voir n₀ 35 *de l'Abrégé*.)

L'Élève mettra les initiales *ess. unip.* au-dessous de chaque verbe essentiellement unipersonnel, et *accid. unip.* au-dessous de chaque verbe accidentellement unipersonnel.

Il neigeait. Il résultera. Qu'il importe. Il fallait. Il pleut. Le bonheur ne peut résulter que de la vertu. Les vérités que l'on aime le moins entendre sont celles qu'il importe le plus de savoir. Il brille sur son front uue aimable assurance. La vie est un journal sur lequel il ne faut inscrire que les bonnes actions. Il y a des gens qui parlent et qui écrivent comme s'ils déroulaient des rubans de velours. A l'époque du déluge il plut pendant quarante jours et quarante nuits.

MODES.

45ᵐᵉ Exercice *sur les modes.* (V. n° 36 de l'*Abrégé*.)

L'Élève mettra un tiret et la syllabe initiale de chaque mode au-dessous de chaque verbe. (Exemple) : *Je chante.*
mod. indi.

J'énonce. Tu accordais. Il chanta. Nous conduisîmes. Nous eûmes pleuré. J'avais écouté. Nous dessinons. Elles auront marché. Je présenterais. Que nous apprenions.

Ils avaient répondu. Les Français triomphèrent. Travaillez. Apprendre. Ayant compris. Tu aurais souffert. Invoque l'Eternel. Que tu fléchisses.

TEMPS.

46ᵐᵉ Exercice *sur les modes et sur les temps.* (Voir n° 36 et 37 de l'*Abrégé.*)

L'Élève mettra au-dessous de chaque verbe les initiales du temps de ce verbe (EXEMPLE. *Je chante.*)
prés. del 'ind.

J'avais prié. — Tu adoreras Dieu. — Ils avaient parlé. — nous aurions répondu. — Avant que vous ayez fini votre devoir. — J'arrosais mes fleurs. — Vous travaillez pour vos enfants. — Vous cherchâtes à connaître le coupable. — Soyez prudent.

47ᵐᵉ Exercice *sur les temps simples et sur les temps composés* (Voir n° 38 de l'*Abrégé.*)

L'Élève mettra les initiales *temps simp.*, au-dessous de chaque temps simples et les initiales *temps comp.*, au-dessous de chaque temps composés.

Tu aimes. Nous avons composé des ouvrages. Il était instruit. Vous cueillez des fleurs. Ils finiront. Vous auriez attendu. Je voudrais que vous eussiez profité de ses leçons Le temps passe. La vue de votre souffrance m'émeut. Les Césars ne régnèrent plus. Nous adorerons Dieu. Le ciel est devenu sombre. Tu respecteras les vieillards.

PERSONNES ET NOMBRES.

48ᵐᵉ Exercice *sur les personnes et les nombres* (Voir n° 39 et 40 de l'*Abrégé.*

L'Élève mettra au-dessous de chaque verbe les initiales de la personne et du nombre de ce verbe, exemple : (*Je chante.*)
1ʳᵉ pers. du sing.

Je chante. Tu travailles. Il lit. Elle a cherché. Vous aimez. Ils comptent. Elles marchent. J'ai souffert. Nous étudions. Tu admires. Vous consolez. Il aura dormi. Ils

NOTE. Ces exercices du verbe sont courts, parce qu'ils peuvent servir les uns pour les autres.

annoncent. Tu parles. Nous pleurons. Vous priez. Tu gémissais. Le général commandait l'armée. Les riches secouront les malheureux.

SUJET.

49me Exercice *sur le sujet* (Voir n° 41 de l'*Abrégé*.)

L'Élève mettra l'initiale *suj*. au dessous de chaque sujet, et l'initiale *verb*. au dessous du verbe auquel se rapporte chaque sujet.

Nous écrivons. Vous chantez. Il pleure. Le soleil brille. Le commerce prospérait. La vertu séduit les âmes nobles. La réflexion fortifie le jugement. Le temps et la patience triomphent de tous les obstacles. Titus aimait à pardonner. Le monde finira. Les grandes occupations élèvent et soutiennent l'âme. La courtoisie gagne tous les cœurs. L'impolitesse repousse tout le monde. Une bonne éducation remplit l'âme de pensées utiles et de sentiments élevés. Les esprits se rapetissent par l'ignorance.

COMPLÉMENTS.

50me Exercice *sur le complément direct* (Voir n° 42 de l'*Abrégé*.)

L'Élève mettra l'initiale *suj*. au dessous de chaque sujet , l'initiale *verb*. au-dessous de chaque verbe, et les initiales *compl. dir*. au-dessous de chaque complément direct, exemple : (*Tu adores Dieu*)
suj. verb. comp d.

Tu adores Dieu. Le soleil anime la terre. La colombe attendrit les échos des forêts. L'amitié fait le charme de la vie. Dieu récompense la vertu. Annibal vainquit les Romains. Le sommeil répare les forces. Moïse divisa les eaux. L'homme élève un front noble et regarde les cieux. Le lilas annonce les beaux jours. La courtoisie gagne tous les cœurs. L'impolitesse repousse tout le monde.

51me Exercice *sur le complément indirect* (Voir n° 43 de l'*Abrégé*.)

L'Élève suivra le procédé de l'exercice 50 , de plus il mettra les initiales *compl. ind*. au-dessous de chaque complément indirect.

La vérité guide nos pas chancelants dans les sentiers du monde. Les malheurs ajoutent aux grandes vertus. Les rivières sortent des montagnes. La prière fervente élève l'âme à Dieu. L'oisiveté ressemble à la rouille. Les jeunes agneaux bondissent dans la prairie. Nous travaillons à nos devoirs avec toute l'application possible. Le ciel donna la consolante amitié aux mortels malheureux.

52ᵐᵉ Exercice *sur les pronoms compléments.* (Voir les nᵒˢ 42 et 43 de l'*Abrégé.*)

L'Élève suivra le procédé des exercices 50ᵉ et 51ᵉ.

L'amour de la patrie ne s'éteint jamais dans le cœur de l'homme. La franchise me plaît. Les sages se vénèrent et les fous se méprisent. Dieu vous bénira si vous répandez des bienfaits. J'estime la vertu et je la préfère à la richesse. Le travail nous préserve de l'ennui. L'onde pure me désaltère. Les rivières se jettent dans les fleuves. Un sage ami vous avertit et vous corrige.

CONJUGAISONS.

53ᵐᵉ Exercice *sur la conjugaison des six sortes de verbes.*

L'Élève conjuguera les verbes suivants tantôt selon le modèle des quatre conjugaisons, avec indication du radical et de la terminaison ; et tantôt selon le modèle des temps primitifs.

VERBES RÉGULIERS A CONJUGUER.

VERBES ACTIFS , pages 24, 25, 26, 27.

1ʳᵉ Conjugaison : Admirer, adopter, allumer, appréhender, chanter, combiner, décorer , dérouler, désirer, donner, éveiller, expliquer, fermer, former, frapper, honorer, ignorer, présenter, qualifier.

2ᵐᵉ Conjugaison : Affaiblir, affermir, affranchir, agrandir, anéantir, approfondir, avertir, bâtir, blanchir, chérir, convertir, découvrir, démolir, désunir, durcir, éblouir, embellir, enrichir, établir, garantir.

3ᵐᵉ Conjugaison : Apercevoir, concevoir, devoir, percevoir, redevoir, etc., etc.

4ᵐᵉ Conjugaison : Attendre, apprendre, comprendre, conduire, confondre, connaître, construire, défendre, dépendre, entendre, entreprendre, introduire, mordre, perdre, prendre, produire, reconnaître, réduire.

VERBES PASSIFS, page 28.

1ʳᵉ Conjugaison : Être admiré, être décoré, être éveillé, être frappé, être honoré, être présenté.

2ᵐᵉ Conjugaison : Être affermi, être chéri, être désuni, être ébloui, être garni, être nourri, être réjoui.

3ᵐᵉ Conjugaison : Être aperçu, être dû, être perçu, être redû.

4ᵐᵉ Conjugaison : Être attendu, être conduit, être défendu, être entendu, être mordu, être pris.

VERBES NEUTRES, pages 29 et 30.

1ʳᵉ Conjugaison : Accéder, adhérer, bavarder, briller, contribuer, capituler, arriver, coûter, danser, déjeuner, douter, éclater, exister, flotter, folâtrer.

2ᵐᵉ Conjugaison : Aboutir, agir, bondir, compatir, frémir, consentir, dépérir, dormir, grandir, jaillir, jouir, maigrir, obéir, languir, réfléchir, retentir.

3ᵐᵉ Conjugaison : Les verbes neutres de la troisième conjugaison sont irréguliers.

4ᵐᵉ Conjugaison : Apparaître, comparaître, dépendre, déplaire, descendre, nuire, paraître, plaire, prétendre, rire, sourire, redescendre, répondre, etc.

VERBES PRONOMINAUX, page 31.

1ʳᵉ Conjugaison : S'acheminer, s'acharner, s'appliquer, s'agenouiller, se baigner, s'écrouler, s'emparer, s'empresser, s'envoler, s'évader, s'évaporer, etc.

2ᵐᵉ Conjugaison : S'accroupir, se blottir, s'évanouir, se rajeunir, se refroidir, se repentir, se souvenir, se ressouvenir, s'affermir, s'affranchir, se convertir.

3ᵐᵉ Conjugaison : S'apercevoir, se concevoir, se devoir, se redevoir.

4ᵐᵉ Conjugaison : Se complaire, se dédire, se méprendre, se comprendre, se conduire, se connaître, se produire, se défendre, s'entendre, se mordre.

VERBES UNIPERSONNELS, page 32.

Neiger, résulter, importer, convenir, retentir, falloir, pleuvoir, se gangrener, se hérisser, s'ébahir.

VERBES CONJUGUÉS AVEC *s'entre.*, page 33.

1ʳᵉ Conjugaison : S'entr'aimer, s'entr'-admirer, s'entr'-accuser, s'entr'-appeler, s'entre-barbouiller.

2ᵐᵉ Conjugaison : S'entre-fuir, s'entr'-ouvrir, s'entre-servir, s'entre-haïr, s'entre-secourir, etc.

3ᵐᵉ Conjugaison : S'entre-devoir, s'entr-apercevoir.

4ᵐᵉ Conjugaison : S'entre-battre, s'entre-connaître, s'entre-défaire, s'entre-dire, s'entre-détruire, etc.

VERBES INTERROGATIFS, page 34.

Chanté-je ? grandira-t-il ? concevez-vous ? attendra-t-on ? ai-je ? dis-je ? puis-je ? etc., etc.

Note. Si les professeurs veulent multiplier les exercices, ils feront construire sur ces verbes des phrases courtes et simples avec sujet, verbe, complément direct ou indirect. Ils pourront encore en varier les temps et les personnes.

Modèle de conjugaison d'après l'ordre des temps primitifs ou formateurs.

Les professeurs qui voudraient varier la forme des conjugaisons peuvent employer la méthode suivante.

1° PRÉSENT DE L'INFINITIF.

admirer

FUTUR.

j'admirerai
tu admireras
il admirera
nous admirerons
vous admirerez
ils admireront

PRÉSENT DU CONDITIONNEL.

j'admirerais
tu admirerais
il admirerait
nous admirerions
vous admireriez
ils admireraient

2° PARTICIPE PRÉSENT.

admirant

PRÉSENT DE L'INDICATIF

nous admirons
vous admirez
ils admirent

IMPARFAIT.

j'admirais
tu admirais
il admirait
nous admirions
vous admiriez
ils admiraient

PRÉSENT DU SUBJONCTIF.

que j'admire
que tu admires
qu'il admire
que nous admirions
que vous admiriez
qu'ils admirent

3° PARTICIPE PASSÉ,

admiré, ayant admiré

PASSÉ INDÉFINI.

j'ai admiré

PASSÉ ANTÉRIEUR.

j'eus admiré

PASSÉ DU SUBJONCTIF.

que j'aie admiré

PLUSQUE-PARFAIT.

que j'eusse admiré

4° PRÉSENT DE L'INDICATIF.

j'admire
nous admirons
vous admirez

PRÉSENT DE L'IMPÉRATIF.

admire
admirons
admirez

5° PASSÉ DÉFINI.

j'admirai
tu admiras
il admira
nous admirâmes
vous admirâtes
ils admirèrent

IMPARFAIT DU SUBJONCTIF.

que j'admirasse
que tu admirasses
qu'il admirât
que nous admirassions
que vous admirassiez
qu'ils admirassent

NoTE. Chaque temps primitif est distingué soit par le numéro qui le précède, soit par des lettres caractéristiques. Tous les autres temps sont les temps dérivés.

54ᵐᵉ Exercice *nouveau sur le verbe* ÊTRE *conjugué interrogativement avec le pronom* CE. (Voir à la fin de la page 35 de l'*Abrégé*.)

L'Élève après avoir souligné les verbes conjugués interrogativement avec le pronom *ce*, en indiquera le mode, le temps, la personne et le nombre, exemple : *est-ce*. (Prés. de l'ind. 3ᵉ pers. du sing.)

Est-ce un si grand malheur que de cesser de vivre ? Qu'*est-ce* que l'année qui vient ? *Est-ce* les sons de l'orgue que j'entends ? *Sont-ce* des religieux qui parlent ainsi ? *Était-ce* cet homme-là ? *Étaient-ce* des palais ? Qu'*étaient-ce* qu'Alexandre, César et Pompée, en comparaison de Socrate ? Quoi donc à votre avis *fut-ce* un fou qu'Alexandre ? Qui jugera ce grand procès ? *Sera-ce* la raison ? *Sera-ce* vos frères que l'on choisira ? Si l'homme a une raison universelle, ne *serait-ce* point parce qu'il a des besoins universels ?

55ᵐᵉ Exercice *sur la distinction du* passé défini *et de* l'imparfait du subjonctif, *sur les verbes terminés* au futur *et* au conditionnel *par* QUERRAI, OURRAI, VERRAI. (Voir n° 46 et 47 de l'*Abrégé*.)

L'Élève mettra les initiales *pass. défi.* au dessous de la troisième personne sing. du passé défini ; les initiales *imparf.* du *subj.* au dessous de la troisième personne sing. de l'imparfait du subjonctif.

L'Éden était un abrégé de la terre, Dieu y plaça l'homme pour observer, obéir et adorer. Minos n'a voulu qu'aucun de ses enfants régnât après lui. Prenez garde, tout ce que vous faites souffrir vous pourrez l'éprouver. Essayez de tous les plaisirs, et vous verrez qu'il n'y en a pas de plus durable qu'un travail de choix. En lisant des bons livres vous acquerrez d'utiles connaissances. Jamais il n'exista d'ouvrage si parfait que quelqu'un n'y trouvât à redire. Il faudrait que le hazard épuisât des myriades de chances avant de compléter un insecte. Jeunes gens, lancés sur la scène du monde, si vous n'acquerrez des talents et des vertus, vous disparaîtrez bientôt dans les coulisses, ou vous tomberez dans le trou du souffleur.

LISTE DE CERTAINS VERBES RÉGULIERS
de la première et de la seconde conjugaison,
et dont l'orthographe peut embarrasser.

L'Élève conjuguera ces verbes tantôt selon le modèle des quatre conjugaisons, tantôt selon le modèle des *temps primitifs.*

VERBES en **GER** (Voir n° 48 de l'*Abrégé*.)
Arranger , encourager, manger, ravager, bouger, interroger, nager , songer , corriger , juger , obliger.

VERBES en **CER** (Voir n° 49.)
Balancer , lancer , renoncer , commencer , forcer , menacer, tracer, avancer, devancer, influencer, placer.

VERBES en **IANT** (Voir n° 50.)
Congédier, humilier, justifier, rectifier, gratifier,

VERBES en **YANT** (Voir n° 51.)
Appuyer , envoyer , ayons, cotoyer , noyer , soudoyer, soyons, déblayer, nétoyer, tutoyer, soyez, aboyer.

VERBES en **UANT** (Voir n° 52.)
Avouer , diminuer , jouer, ponctuer , clouer, habituer, saluer , distribuer , insinuer , nouer , tuer , évaluer.

VERBES en **ELER** ou **ETER** (Voir n° 53.)
Acheter , géler , niveler, étinceler , chanceler , rejeter, receler , décacheter , fureter , morceler , souffleter.

VERBES qui redoublent le **N** après l'*e* muet (Voir n° 55.)
Apprendre , prendre , tenir , disconvenir , appartenir , venir, intervenir , entreprendre , contenir , convenir.

VERBES dont l'avant-dernière syllabe de l'infinitif est un **E** *muet* ou un **É** *fermé* (Voir n° 56.)
Inquiéter , amener , lever , céder , modérer , abréger , enlever , opérer , relever , protéger , altérer , tempérer.

VERBES qui prennent un **E** muet avant la dernière syllabe du futur et du conditionnel (Voir n° 57.)
Associer , jouer, cueillir , recueillir , apprécier, clouer.

VERBES en **IR** (Voir n° 58, 59, 60.)
Haïr,   bénir,   fleurir.

PREMIÈRE CONJUGAISON.

56ᵐᵉ Exercice *sur les remarques particulières de quelques Verbes précédents.*

Les Élèves après avoir transcrit les phrases suivantes et souligné les lettres des verbes sur lesquelles roule la règle, mettront au pluriel les phrases qui sont au singulier, et au singulier celles qui sont au pluriel. (Exemple : J'arran*geai*s mes livres. Nous arran*gion*s nos livres.)

Sur les verbes en *GER.* (Voir le n° 48 de l'Abrégé.)

j'arran*geai*s mes livres	nous	la mère corrige ses enfants	les
vous encouragez le mérite	tu	tu interrogeais les élèves	vous
tu mangeras des raisins	vous	il nagea dans la rivière	ils
le torrent ravagea la campagne	les	Nous songions à des futilités	je

Sur les Verbes en *CER.* (Voir n° 49 de l'Abrégé.)

vous vous balançiez	tu	il faut que je commence	que nous
ils ensemenceront	il	il fallait que tu forçasses	que vous
tu lanças la pierre	vous	nous les menaçâmes	je
nous renonçâmes à nos projets	je	ils traceront les plans	tu
		il l'influençait	ils

Sur les Verbes en *IANT* **et en** *YANT.* (Voir n° 50 et 51 de l'Abrégé)

vous l'appuyiez de votre crédit	tu	tu cotoies le rivage de la mer	vous
les enfants envoient la balle dans le jardin	l'enfant	ils seraient noyés	il
nous paierions la marchandise	je	les intrigants soudoient les malheureux	»
		soyons vigilants	»
il faut que vous ayez de la prudence	que tu	les chiens aboient	lo
		nous envoyons	j'

Sur les Verbes en *UANT* (Voir le n° 52 de l'Abrégé.)

avouons franchement nos torts	ᴅ	vous cloueriez la porte	tu
tu diminuais ta peine	vous	il s'habituera au travail	ils
nous jouïons aux volants	je	je distribuais les livres	nous
les élèves ponctueront la dictée	l'	il faut que nous le saluïons	je
		je ponctuais	nous
		tu jouais	vous

Sur les Verbes *ELER*, *ETER*. (Voir le n° 53 de l'Abrégé.)

l'arbre chancelle sur sa base	les	le froid gèle les plantes	les
des flots de lumière étincelaient	un	vous décachèterez la lettre	tu
tu rejetteras les funestes conseils	vous	le terrassier nivèlerait le sol	les
nous achetions des plumes	j'	l'arpenteur morcela le terrain	les
		le chat furetait	les

Sur les Verbes qui redoublent le *N* après un *E* muet. (Voir le n° 55 de l'Abrégé.)

j'apprends la musique	nous	ces maisons vous appartiennent	cette
ils prennent des leçons	il	elles venaient à la campagne	elle
vous teniez le ruban	tu	que nous intervenions	que j'
tu n'en disconviendras pas	vous	qu'ils entreprennent	qu'il
il retient son ami	ils		
tu apprends	vous		

Sur les Verbes dont l'avant-dernière syllabe de l'infinitif est un *E* muet ou un *É* fermé. (Voir n° 56 de l'Abrégé.)

l'enfant indocile inquiète sa mère	les	cédez vos folles prétentions	
le printemps amènera la joie	les	tu modèreras ta pétulance	vous
vous lèverez les obstacles	tu	nous abrégions la route	j'
		élève ton âme vers le ciel	
		je protégeais la faiblesse	nous

Sur les Verbes qui prennent un *E* muet avant la dernière syllabe du futur et du conditionnel. (Voir n° 57 de l'Abrégé.)

nous nous associerons à cette bonne œuvre	j'	nous le clouerions au mur	je
tu jouais avec ardeur	vous	vous l'accueillerez favorablement	tu
elle cueillera des fleurs	elles	ils tressaillaient d'allégresse	il
vous recueillerez des éloges	tu	vous cueillez des fruits	tu
votre père appréciera votre mérite	vos	il les apprécie	ils

SECONDE CONJUGAISON.

Sur le Verbe *HAÏR*. (Voir n° 58.)

nous haïssons la perfidie	je	vous avez haï des amis	
tu haïras le calomniateur	vous	dangereux	tu
il haïrait le mensonge	ils	ils auraient haï la duplicité	il

Sur le Verbe *BÉNIR*. (Voir n° 59.)

une mère pieuse a des en- fants bénis	des	soyez vertueux et vous se- rez bénis	sois
les drapeaux furent bénits	le	le jour des rogations le prêtre a bénit les campagnes	les

Sur le Verbe *FLEURIR*. (Voir n° 60.)

votre santé est florissante	ta	les arts fleurissent en temps de paix	l'
la campagne est fleuris- sante	les	ses entreprises florissaient	son
l'arbre fleurissait au prin- temps	les	Marseille fleurit et elle flo- rissait	ε
cette famille florissait jadis	ces	cette cité a toujours fleuri	ces

VERBES INTERROGATIFS.

57ᵐᵉ Exercice *sur les verbes interrrogatifs.* (Voir n° 61 de l'Abrégé.)

L'Élève en copiant cet exercice développera, après chaque verbe interrogatif, le principe qui s'y rapporte ; exemple : *Ossian, barde sauvage, que fais-tu* (*le pronom* tu *se place après le verbe* fais, *et on les joint par un trait-d'union.*)

Ossian, barde sauvage, que *fais-tu* assis sur la pierre des tombeaux ? Hélas ! à peine *osé-je* encore y penser. A moins que de cela *l'eussé-je* soupçonné. Ah ! *puisse-t-il* vous inspirer la piété. Grand Dieu ! votre clémence *répare-t-elle* aussi soixante ans de souffrance ! *L'a-t-on vu* le coursier, paissant l'herbe fleurie ! Mais pourquoi *m'arrêté-je* à ces circonstances ! Eh bien ! sage Panthée, Pergame *existe-t-elle ? M'écriai-je* « peut-on sauver la citadelle ? *Puissé-je*, à la race future, montrer comme on punit l'hôte ingrat et parjure ! *Dussé-je*, après dix ans, voir mon palais en cendre ! Et que m'a fait à moi, cette Troie où *je cours ? Que n'ai-je pu* voiler le soleil. L'uni-vers, me *dis-je*, est un tout immense. *Dois-je* oublier Hector privé des funérailles ? Que *dis-je ?* que *fais-je ?*

TERMINAISON DES PERSONNES.

58me Exercice *nouveau, progressif et très-important sur la terminaison des personnes du verbe ou sur l'accord du verbe avec son sujet.* (*) (Voir page 40 de l'*Abrégé*.)

L'Élève, dans un premier exercice , soulignera la terminaison des personnes de chaque verbe, ensuite dans un second exercice il mettra au pluriel et en colonnes les verbes qui sont au singulier, et au singulier ceux qui sont au pluriel

SINGULIER.

La première personne se termine par S : j'aperçois, je prétends, je chantais, j'avertissais, j'aperçus, je prétendis, je chanterais, j'avertirais, j'avertis , je finis, e bâtis, je convertissais, j'établirais, je chéris, je garnis.

1re *Exception* : par **E** je chante, j'offre, j'envoie, j'appuie, que je chante, que j'aperçusse, que je prétendisse.

2me *Exception* : par **ai, as** , je chantai, j'apercevrai , je prétendrai, je donnai , je racontai.

3me *Exception* : par **eux, aux**, je peux, je veux , je vaux, je prévaux.

La seconde personne se termine par S : tu avertis, tu aperçois, tu prétends, tu chantais, tu avertissais, tu aperçus, tu prétendis , tu chanteras , tu avertiras , tu apercevrais , tu prétendrais , que tu chantes , que tu avertisses , que tu aperçusses , que tu prétendisses,

1re *Exception* : par **eux, aux**, tu peux , tu veux , tu vaux , tu prévaux.

2me *Exception* : donne , travaille, va, cependant on dit : donnes-en , travailles-y , vas-y (Voir n° 63 de l'*Abrégé*.)

La troisième personne se termine par T : il aperçoit , il vient , il acquiert , il aperçut , qu'il prétendit, **verbes en indre** : il craint , il plaint, il joint, il disjoint, en **soudre** : il absout, il dissout, il résout, en

<hr>

(*) NOTE. A l'aide des deux exercices 58 et 59 , on peut apprendre facilement l'orthographe grammaticale des verbes réguliers et de presque tous les verbes irréguliers , sans savoir même conjuguer un verbe.

pre, **tre**, **vre**, il rompt, il bat, il met, il poursuit, en **aire**, **oire** : il plaît, il distrait, il croit, il boit, en **aitre**, **oître** : il connaît, il paraît, il croît, en **ire**, **ore**, **ure** : il rit, il prédit, il clot, il conclut.

1re *Exception* : par **e**, il chante, il offre, il envoie, il appuie, il cueille, qu'il avertisse, qu'il prétende, qu'il envoie.

2me *Exception* : par **a**, il pria, il appuya, il chantera, il enverra, il cueillera. — Cependant on dit : qu'il chantât, qu'il envoyât, qu'il priât. (Voir n° 64 de l'*Abrégé*.)

3me *Exception* : par **d**, il comprend, il entend, il prétend, il coud, il répond, il tord, il mord, il s'assied, il fond.

4me *Exception* : par **c**, il vainc, il convainc.

PLURIEL. (Voir n° 65 de l'*Abrégé*.)

La première personne se termine par S : nous chantons, nous avertissons, nous apercevions, nous prétendrions, que nous aperçussions.

La seconde personne se termine par Z ou par S : 1° vous chantez, vous avertissez, vous prétendez, vous aperceviez, vous prétendiez, vous chanterez, vous prétendriez, avertissez, que vous aperceviez, que vous prétendissiez. — 2° Vous dites, vous faites, vous aimâtes, vous avertîtes, vous aperçûtes, vous finîtes.

La troisième personne se termine par ENT ou par NT : 1° ils chantent, ils apercevaient, ils prétendaient, ils chantèrent, ils avertirent, ils apercevraient, qu'ils chantent, qu'ils prétendissent. — 2° Ils ont, ils sont, ils font, ils chanteront, ils avertiront, ils apercevront, ils prétendront.

Développements *de l'exercice précédent.* (Voir n° 62, 63, 64 et 65 de l'*Abrégé.*)

L'Élève, après avoir transcrit les phrases suivantes et souligné la terminaison des personnes de chaque verbe, mettra au pluriel les phrases qui sont au singulier, et au singulier celles qui sont au pluriel.

j'applaudis à ses triomphes	nous	que tu te souvinsses de ses bienfaits	que vous
vous admirez le génie	tu	le cheval mord le frein	les
ils chérissent leurs parents	il	il pleut abondamment	.
nous attendrons le printemps	je	il faut servir Dieu	.
tu affermiras ses pas chancelants	vous	vous vous entre-louez	.
il conduisait la barque	ils	qu'ils s'entre-choquent	.
je conclus un traité	nous	tu arrangeas ses meubles	vous
il douterait de ta loyauté	ils	j'avais un heureux pressentiment	nous
que vous concouriez à cette belle action	que tu	nous serions joyeux de votre bonheur	je
nous honorâmes la vieillesse	je	que vous ayez du succès	que tu
les astronomes expliquent les phénomènes célestes	l'	ils sont extasiés de tant de merveilles	il
je voyagerai le mois prochain	nous	les fleurs embaument le parterre	la
le diamant brillait sur son front	les	vous commenciez les devoirs	tu
les élus jouiront d'une éternelle félicité	l'	nous suppléerons à cette insuffisance	je
elle bâtit des châteaux en Espagne	elles	tu paierais sa dette	vous
qu'il réponde à vos prévenances	qu'ils	que les étoiles brillassent à l'horizon	l'
il souriait à sa mère chérie	ils	les oiseaux gazouillaient mélodieusement	l'
je qualifiai sévèrement sa conduite	nous	tu avais approfondi cette science	vous
tu démoliras ce fragile édifice	vous	qu'ils réussissent dans leurs sages projets	qu'il
unissons nos vœux	.	il dormait d'un sommeil paisible	ils
		vous dérouliez de superbes tapisseries	tu

que vous fléchissiez sa colère — que tu

je suis satisfait de votre obéissance — nous

nous aurons le bonheur de le voir — je

que vous vous promeniez sur le gazon — que tu

nous obligeons nos amis — j'

les bergers joueront de la flûte — le

l'ombre des monts s'étendit dans la plaine — les

nous vérifiâmes vos calculs — je

vous chancellerez sur ce terrain — tu

tu dormais légèrement — vous

je persévérerai dans mes bonnes résolutions — nous

nous cueillîmes des fruits exquis — je

les vents soufflaient au septentrion — le

le cheval brise le frein — les

il rompt le silence — ils

le berger tond la brebis — les

le navire fend les flots — les

les évènements se succèdent avec la rapidité de l'éclair — l'

les eaux débordent dans les immenses savanes — l'

le roseau plie

la flatterie perd

le temps pass

la grammaire instruit

les remords tourmentent

les mots enrichissent la mémoire

tu dis la vérité

il déteste le mensonge

nous fuyons les méchants

ils parlent sagement

le froid dessèche les plantes

vous supportez les disgrâces

tu aurais craint le danger — vous

il avait perdu toute espérance — ils

vous auriez compromis ses intérêts — tu

vous corrigeâtes son mauvais caractère — tu

ils loueront leur courage — il

il appela son fils — ils

nous remplissions nos devoirs — je

que tu bénisses sa main généreuse — vous

envoyez des nouvelles — .

que vous cueilliez des lauriers sur le chemin de la gloire — tu

que tu offrisses des hommages sincères — vous

qu'il ouvrit son cœur à l'espérance — ils

le coupable craint la sévérité des lois — les

le cheval bondit dans la prairie — les

le calomniateur mentait impudemment — les

l'enfant craint le châtiment — les

le soleil résout les nuages — ils

la vague bat le rivage — les

l'aurore promet une brillante journée — ils

le magistrat prononce le jugement

les lois protègent la société

les vents redoublent

les voiles se déploient

il contribuera à votre bonheur

il rend la visite

vous demanderez une récompense

il conserve le souvenir de vos bienfaits

PRINCIPES NOUVEAUX ET TRÈS-IMPORTANTS
sur les quatre catégories du Verbe.

1° Tout verbe précédé du verbe **avoir**, ou du verbe **être**, est au participe passé.

2° Tout verbe précédé d'un verbe autre que le verbe **avoir**, ou le verbe **être**, autrement dit tout verbe complément d'un verbe ou d'une préposition , telles que : A , DE , POUR , SANS , etc., est au présent de l'infinitif.

3° Tout verbe terminé par **ant** est au participe présent, et reste invariable.

4° Tout verbe placé dans un autre cas s'accorde avec son sujet.

59ᵐᵉ EXERCICE.

L'Élève — 1° mettra l'initiale *aux*, au-dessous de chaque auxiliaire, l'initiale *parti.*, au-dessous de chaque participe , qu'il traduira au féminin pour en connaître la lettre finale.—2° l'initiale INF., au-dessous de chaque infinitif , l'initiale *verb.*, ou *prépo.*, au-dessous de chaque verbe et de chaque préposition qui le précède ;—3° l'initiale *part. prés.*, au-dessous de chaque participe présent ; — 4° et les initiales *verb. pers.*, au-dessous de chaque verbe personnel.

1° L'Élève aura étudié sa leçon. La tempête avait soulevé les flots. Les heures ont été bien employées. Ils se sont embarqués par un temps favorable. Dieu a créé le monde. Vous auriez été récompensés , si vous aviez obéi. Il a ouvert la porte. Nous avons pris la récréation. L'ouvrier a fini son travail. Elle a bien écrit la page.

2° Il veut lire sa leçon. Nous désirions obtenir sa bienveillance. Tu prétendais triompher de son obstination. Vous irez faire une promenade dans le bosquet. Ils n'entendent pas perdre le fruit de leurs travaux. Les âmes généreuses désirent protéger la faiblesse. Tu voudrais renouveler sa douleur. L'Éducation peut seule corriger le naturel. Vous ne parviendrez pas à changer le cœur de l'ingrat. Qu'il est doux de secourir l'innocence et la vertu. Certains esprits aiment à se bercer d'illusions. Newton ne prononçait jamais le nom de Dieu sans ôter son chapeau. Il faut travailler pour réussir dans les études. Réfléchissez avant d'agir.

3° En revenant de la promenade nous avons cueilli des fleurs. Vos amis prévoyant le danger ne partiront pas aujourd'hui. Il racontait des histoires intéressant tout le monde. Les eaux serpentant à travers la prairie.

4° Les oiseaux gazouillent. Des éclairs brillaient. Le sapin balance sa tige altière. Des rocailles tapissaient la grotte. Les flots engloutiront les frêles embarcations.

VERBES IRRÉGULIERS.

60ᵐᵉ **Exercice** *sur la conjugaison de tous les verbes irréguliers dans les temps primitifs.* (Voir le modèle dans la Grammaire à la page 44 à 61.)

1ʳᵉ Conjugaison : Aller, s'en aller, envoyer, importer, neiger, résulter. ——————— ————

2ᵉ Conjugaison : Acquérir, avenir, bénir, bouillir, courir, cueillir, défaillir, dormir, faillir, férir, fuir, s'enfuir, gésir, haïr, issir, mentir, mourir, offrir, ouïr, ouvrir, partir, quérir, repartir, répartir, ressortir, ressortir, saillir, sentir, sortir, s'enquérir, surgir, tenir, tressaillir, venir, vêtir.

3ᵐᵉ Conjugaison. Apparoir, choir, condouloir, comparoir, déchoir, démouvoir, échoir, émouvoir, falloir, messeoir, mouvoir, pleuvoir, pourvoir, pouvoir, prévaloir, ravoir, savoir, s'asseoir, seoir, surseoir, valoir, voir, vouloir.

4ᵐᵉ Conjugaison. Absoudre, accroître, attraire, battre, boire, braire, bruire, circoncire, clore, conclure, confire, coudre, croire, croître, dire, éclore, écrire, exclure, faire, forfaire, frire, imboire, joindre, lire, luire, maudire, méfaire, mettre, moudre, naître, oindre, paître, poindre, reclure, repaître, résoudre, rompre, suffire, s'ensuivre, soudre, sourdre, tistre, traire, vaincre, vivre.

Note. Pour avoir plus facile la conjugaison des verbes irréguliers, les élèves ne conjugueront en totalité que les temps simples qui présentent des difficultés, c'est-à-dire le présent de l'indicatif, de l'impératif et du subjonctif.

61ᵐᵉ Exercice et modèle *sur l'analyse simple du verbe, du pronom, de l'adjectif, de l'article et du substantif.*

VERBE.

	DÉFIN.	DIVISION.	MODES.	TEMPS.	CONJUGAISON.	PERS.	NOMBRE.	SUJET.
Je	Pron.	pers.	masculin.	singulier		1ʳ per.		
suis.	Verbe	subst.	à l'indic.	présent.		1ʳ per.	du sing.	Ayant pour sujet *je.*
Tu	Pron.	pers.	masc.	singulier.		2ᵉ per.		
finissais.	Verbe	actif.	à l'indic.	présent.	2ᵉ conjug.	2ᵉ per.	du sing.	Ayant pour sujet *tu.*
Il	Pron.	pers.	masc.	singulier.		3ᵉ per.		
sera reçu.	Verbe	passif.	à l'indic.	fut. simpl.	3ᵉ conjug.	3ᵉ per.	du sing.	Ayant pour sujet *il.*
Nous	Pron.	pers.	masc.	pluriel.		1ʳ per		
dormirions.	Verbe	neutre.	au condit.	présent.	2ᵉ conjug.	1ʳ per.	du plur.	Ayant pour sujet *nous.*
Vous	Pron.	pers.	masc.	pluriel.		2ᵉ per.		
vous	Pron.	pers.	masc.	pluriel.		2ᵉ per.		
flattez.	Verbe	pron.	à l'indic.	présent.	1ʳ conjug.	2ᵉ per.	du plur.	Ayant pour sujet *vous.*
Il	Pron.	pers.	masc.	singulier.		3ᵉ per		
pleuvait.	Verbe	unipers.	à l'indic.	imparfait.	3ᵉ conjug.	3ᵉ per.	du sing.	Ayant pour sujet *il.*
Il	Pron.	pers.	masc.	singulier.		3ᵉ per.		
doit	Verbe	actif.	à l'indic.	présent.	3ᵉ conjug.	3ᵉ per.	du sing.	Ayant pour sujet *il* et pour complᵗ *finir.*
finir	Verbe	actif.	à l'infin.	présent:	2ᵉ conjug.			Ay. p. complᵗ *ouvrage*
son	Adj.	déter.	posses.	masc.			sing.	Déterm. *ouvrage.*
ouvrage.	Subst.	commun.	masc.				sing.	

Analysez de même : le rossignol chantait. Les cieux publient la gloire du Seigneur, Vous expliquerez vos leçons. Tu avertissais son ami. Conduisez la barque. Elle était admirée. Vous auriez été chéris. Les agneaux bondissaient. L'enfant souriait. Les fleuves fertilisent les campagnes. Nous cultiverons les arts. Ils se sont agenouillés.

62ᵐᵉ Exercice *sur l'Analyse motivée.*

Analysez les phrases qui précèdent. (Voir le modèle à la fin de la *Lexicologie.*)

MODÈLE D'UNE RÉCAPITULATION.

Pour faire aisément des récapitulations, les élèves auront à copier successivement la 1ʳᵉ phrase de chaque exercice d'une partie du discours pour une première récapitulation, la 2ᵉ phrase, pour une seconde récapitulation, et la 3ᵉ pour une troisième récapitulation, et ainsi de suite des autres; après ils souligneront et expliqueront la nature du mot sur lequel roule l'exercice.

RÉCAPITULATION

Formée de la première phrase de chaque exercice du verbe. (Voir depuis la page 36 à la page 48.)

L'homme sage *écoute* beaucoup et *parle* peu. L'Eternel *est* son nom, le monde *est* son ouvrage. Je *reçois* un présent. Ils *sont décorés.* Vous *accéderez* à leur proposition. Je me promène. Il neigeait. J'énonce. J'avais prié. Tu aimes. Je chante. Nous écrivons. Tu adores Dieu. La vérité guide nos pas chancelants dans les sentiers du monde. L'amour de la patrie ne s'éteint jamais dans le cœur de l'homme. Est-ce un si grand malheur que de cesser de vivre ? L'Eden était un abrégé de la terre, Dieu y plaça l'homme pour observer, obéir et adorer. J'arrangeais mes livres. Vous vous balanciez. Vous l'appuyiez de votre crédit. Avouons franchement nos torts. L'arbre chancelle sur sa base. J'apprends la musique. L'enfant indocile inquiète sa mère. Nous nous associerons à cette bonne œuvre.

Modèle d'un Exercice de composition.

1ᵉʳ Exercice du Livre sur les Substantifs en général. (Voir page 14.)

Le *ciel* est le *trône* de la *Divinité.* La religion est la base de toutes les vertus. La rose est la reine des fleurs. La violette est l'image de la modestie. La routine est le sentier de la médiocrité. La fleur passe vite comme l'homme. Les feuilles des arbres reverdissent au printemps. Le soleil est la vie du monde. Les enfants doivent à leurs parents l'amour, le respect et l'obéissance. De limpides ruisseaux coulaient avec un doux murmure.

2me Exercice, sur le substantif en général, composé par l'élève et renfermant des phrases analogues à celles du Livre.

Le *ciel* est le *séjour* des *bienheureux*. La religion adoucit les mœurs. La rose brille du plus vif éclat. La violette se dérobe aux regards de la foule. La routine nuit aux progrès. Les fleurs s'épanouissent le matin et se flétrissent le soir. Les feuilles jaunissent en automne. Le soleil ranime la nature. Les enfants sages sont aimés de tout le monde. De ruisseaux paisibles serpentent dans la prairie, etc., etc.

Note. Il ne sera pas nécessaire de signaler les avantages de ces sortes d'exercices que beaucoup d'élèves parviennent bientôt à faire avec goût et facilité, et que l'on doit appliquer à chaque partie du discours.

CHAPITRE V.

PARTICIPE.

DÉFINITION ET DIVISION.

65me Exercice *sur le participe présent et le participe passé*. (Copier le principe du n° 66 et 67 de l'*Abrégé*.)

L'Élève mettra les initiales *part. prés.* au-dessous de chaque participe présent, et les initiales *part. passé* au-dessous de chaque participe passé.

Les vents soufflant avec force. Des fleurs épanouies. Les élèves cultivant leur mémoire. Sa gloire est flétrie. La vertu était honorée. Des chevaux courant dans la plaine. Une mère caressant ses enfants. Les navires furent engloutis. Les grands exploits seront admirés. Les victoires qui ont été remportées. Des bruits alarmant les esprits. La grotte de l'ermitage était tapissée de lierres touffus. Une scène attendrissant les spectateurs. Une couronne avait orné son front. Cette rose a conservé sa fraîcheur. Les bons gouvernements ont protégé les sciences. Les vagues furieuses frappant le rivage. Le printemps a embelli ces heureuses contrées. Nous avons envoyé les livres que vous aviez demandés.

66ᵐᵉ Exercice *nouveau sur les trois participes*
EXTRAVAGUANT, FATIGUANT, INTRIGUANT *et les trois adjectifs* EXTRAVAGANT, FATIGANT, INTRIGANT. (Copier le principe du n° 68 de l'*Abrégé*.)

L'Élève mettra les initiales *parti. prés.* au-dessous de chaque participe présent, et les initiales *adj.* au-dessous de chaque adjectif correspondant.

Un homme extravaguant dans ses raisonnements est à moitié fou. Pour soutenir leurs préjugés, les ignorants font des raisonnements extravagants. L'ambition fatiguant l'espèce humaine, prend les hommes pour instruments et pour victimes. Tout esprit qui n'a pas le sens commun pour base, est fatigant et ennuyeux. Dans un bal masqué un comique s'amuse en intriguant tout le monde. Parmi les courtisans je découvre beaucoup d'intrigants et peu d'amis.

67ᵐᵉ Exercice *nouveau sur les deux participes*
DIVERGEANT, NÉGLIGEANT, *et les deux adjectifs* DIVERGENT, NÉGLIGENT. (Copier le principe du n° 68 de l'*Abrégé*.)

L'Élève mettra les initiales *parti. prés.*, au-dessous de chaque participe présent, et les initiales *adj.* au-dessous de chaque adjectif correspondant.

En divergeant d'opinions, les sénateurs prolongèrent la discussion. Leurs opinions sont divergentes. Cet élève en négligeant ses devoirs ne fera aucun progrès. Cet homme est négligent.

68ᵐᵉ Exercice *nouveau sur les quatre participes*
CONVAINQUANT, FABRIQUANT, SUFFOQUANT, VAQUANT, *et les quatre adjectifs correspondants* CONVAINCANT, FABRICANT, SUFFOCANT, VACANT. (Copier le principe du n° 68 de l'*Abrégé*.)

Les Élèves suivront le procédé de l'exercice précédent.

On applaudit au dialecticien convainquant tous les esprits. Son raisonnement est juste et convaincant.

L'homme en fabriquant des calomnies, devient le fléau de la société. Les principales villes manufacturières fournissent des fabricants distingués. Il s'exhalait une épaisse fumée suffoquant tout le monde. L'ennuyeux est suffocant. On admire les élèves vaquant à leurs devoirs. Il occupe un poste vacant.

69me **Exercice** *nouveau sur les onze participes suivants :* ADHÉRANT, AFFLUANT, COÏNCIDANT, DIFFÉRANT, ÉQUIVALANT, EXCELLANT, EXPÉDIANT, INFLUANT, PRÉCÉDANT, PRÉSIDANT, RÉSIDANT, *et les onze adjectifs correspondants :* ADHÉRENT, AFFLUENT, COÏNCIDENT, etc. (Copier le principe du n° 68 de l'*Abrégé.*)

L'Élève suivra le procédé de l'exercice précédent.

Les flatteurs perdent les rois en adhérant à tous leurs caprices. La fleur est adhérente à la tige. La foule, affluant au spectacle, encombre la scène. La Seine a ses affluents. Deux évènements coïncidant avec précision. Cette époque est coïncidente à une autre. C'est en différant de jour en jour à s'occuper de son salut, que l'on arrive au moment où il n'est plus temps d'y songer. Comme nos intérêts, nos sentiments sont différents. Le vrai moyen d'éloigner la guerre, c'est de cultiver les armes, c'est d'honorer les hommes excellant dans cette profession. Il est affreux de survivre à tout, avec une bonne mémoire et un excellent cœur : c'est recommencer une vie de regrets. C'est un commissionnaire expédiant promptement la marchandise. Les subterfuges sont de mauvais expédients. Il a échangé une marchandise par une autre équivalente. Conservons les lois influant favorablement sur les mœurs. L'homme savant et vertueux est toujours influent. Le cavalier précédant la voiture. La bonne conduite est un heureux précédent. Les peintres nous représentent les muses présidant à la naissance

d'Homère, de Virgile, etc. Achille de Harlay, premier
président du parlement, pendant la Ligue, montra dans
cette charge la fermeté et l'intégrité des anciens magis-
trats romains. Les Turcs ont toujours des ministres étran-
gers résidant continuellement chez eux. Les envoyés des
têtes couronnées n'ont pas tous la qualité d'ambassadeurs,
il y en a qui n'ont que celle de résidents.

70ᵐᵒ Exercice et **Modèle** *sur l'analyse simple,
du participe, du verbe, du pronom ; de l'adjectif, de
l'article et du substantif.*

	DÉFINITION	DIVISION	GENRE	NOMBRE	FONCTION	
Ce	Adjectif	dét. dém.	masculin	singulier	détermin.	*papier*
papier	Substantif	commun	masculin	singulier		
écrit.	Part.	passé	masc.	sing.	qual.	*papier*
Un	Adjec.	dét. n. c.	masc.	sing.	déter.	*oiseau*
oiseau	Subst.	commun	masc.	sing.		
pris.	Part.	passé	masc.	sing.	qual.	*oiseau*
Son	Adjec.	déter. po	masc.	sing.	déter.	*travail*
travail	Subst.	commun	masc.	sing.		
fini.	Part.	passé	masc.	sing.	qual.	*travail*
Cette	Adjec.	dét. dém.	fémi.	sing.	déter.	*page*
page	Subst.	commun	fémi.	sing.		
écrite.	Part.	passé	fém.	sing.	qual.	*page*
Vos	Adjec.	dét. poss.	fém.	plur.	déter.	*places*
places	Subst.	commun	fém.	plur.		
prises.	Part.	passé	fém.	plur.	qual.	*places*
Les	Article	simp.	fém.	plur.	déter.	*lettres*
lettres	Subst.	commun	fém.	plur.		
finies.	Part.	passé	fém.	plur.	qual.	*lettres*

Analysez de même : Des fleurs épanouies. Les vents déchaînés.
Sa gloire est flétrie. La vertu est honorée. Les vagues soulevant les
flots. Cette rose a conservé sa fraîcheur. Les élèves cultivant leur
mémoire. Une couronne avait orné son front.

71ᵐᵉ Exercice *sur l'analyse motivée.*

Analysez les phrases précédentes. (Voir le modèle à la fin de la
Lexicologie.)

CHAPITRE VII.

DE L'ADVERBE.

DÉFINITION ET DIVISION.

72ᵐᵉ Exercice *sur les adverbes* (Copier le principe du n° 69 et 70 de l'*Abrégé*.)

L'Élève mettra les initiales *adv. sim.*, au-dessous des adverbes simples et les initiales *adv. comp.*, au-dessous des adverbes composés.

Un bon livre est celui qui expose clairement et méthodiquement les idées. Protégez hautement la vertu malheureuse. Il est plus aisé de se taire tout-à-fait que de parler mal-à-propos. L'ennui est comme l'ombre des grands et des oisifs, il les suit partout. Tout-à-coup un bruit se fit entendre au loin. La girouette du sort tourne facilement. Sans l'habitude de réfléchir on vit machinalement. Un vent favorable remplissait déjà nos voiles.

73ᵐᵉ Exercice *sur les mots pris adverbialement* (Copier le principe du n° 74 de l'*Abrégé*.)

L'Élève copiera cet exercice et en soulignera tous les mots pris adverbialement.

Cet homme parle bas. Ma fille chante juste. Cette personne a le talent de voir clair dans les affaires. Ces violettes sentent bon. Que les jours d'un fils ingrat coûtent cher à sa mère. On lui a coupé les cheveux trop court. Dans une réunion bien composée on ne doit jamais parler trop haut. Marcher droit dans le sentier de la vertu. Frapper fort.

74ᵐᵉ Exercice *sur les adverbes formés des adjectifs* en ANT, ENT. (Copier le principe du n° 72.)

L'Élève mettra un tiret au-dessous des adverbes dérivant des adjectifs en *ant* , et deux tirets au dessous de ceux qui dérivent des adjectifs en *ent*.

On doit toujours agir prudemment. Apprenez à lire couramment et à écrire élégamment. Priez instamment le Seigneur de vous accorder ses saintes bénédictions. Les intelligences délicates éprouvent des charmes indéfinissables à entendre parler savamment et éloquemment. Jeunes élèves soyez constamment dociles et studieux, et vous ferez la joie de vos parents.

75ᵐᵉ Exercice et **modèle** *sur l'analyse simple de l'adverbe, du participe, du verbe, du pronom, de l'adjectif, de l'article et du substantif.*

DÉFIN. DIVISION. FONCTION.

Il	Pron. pers. masc. sing. 3ᵉ pers.
chante	Verbe actif. à l'ind. présent 1ʳ conj. 3 pers. du singulier ayant pour sujet *il*.
bien.	Adv. simp. modifiant le verbe *chanter*.
Cicéron	Subst. prop. masc. sing. 3ᵉ personne.
était	Verb. subst. à l'ind. imp. 3ᵉ pers. du sing. ayant pour sujet *Cicéron*.
très	Adv. simp. modifiant l'adjec. *éloquent*.
éloquent	Adjec. qual. masc. sing. qual. *Cicéron*.

Analysez de même : Il obéit exactement. Il est plus docile. Vous agirez très prudemment. Les enfants bien élevés se conduisent poliment. Le soleil se lève à présent ; il brillera bientôt de tout son éclat.

76ᵐᵉ Exercice *sur l'analyse motivée.*

Analysez les phrases précédentes. (Voir le modèle à la fin de la *Lexicologie.*)

CHAPITRE VIII.

DE LA PRÉPOSITION.

DÉFINITION ET DIVISION.

77ᵐᵉ Exercice *sur les prépositions.* (Copier le principe du n° 73 de l'*Abrégé*.)

L'Élève mettra les initiales *prép. simp.*, au-dessous des prépositions simples, et les initiales *prép. comp.*, au dessous des prépositions composées.

La bonté de Dieu est infinie. A Strasbourg on admire une magnifique cathédrale. Tout change avec le temps. Sans instruction et sans expérience on reste dans une enfance perpétuelle. Londres est bâtie sur la Tamise. Tout est mort pour celui qui ne voit rien au-delà de la vie. Dans les disgraces, comme dans la prospérité, tournez-vous vers le Tout-Puissant. Le siège de Troie a duré pendant dix ans. Chercher le bonheur loin de la vertu, c'est chercher l'ombre sur le sable de la mer. Le malheureux est soutenu par l'espérance.

78ᵐᵉ Exercice *sur les mots pris accidentellement comme prépositions.* (Copier le principe du n° 74 de l'*Abrégé*.)

L'Élève copiera cet exercice et en soulignera tous les mots pris accidentellement comme prépositions.

Excepté moi, dit l'orgueilleux, tous les individus ne sont que des ombres d'hommes. Attendu sa bonne volonté il aura un prix. Vu sa faiblesse on sera indulgent.

79ᵐᵉ Exercice *sur* EN, *pronom; et sur* EN, *préposition.* (Copier le principe du n° 75 de l'*Abrégé*.)

L'Élève mettra l'initiale *pro.* au-dessous de *en* pronom, et l'initiale *pré*, au-dessous de *en* préposition.

Sans l'espoir en Dieu l'homme est trop faible pour supporter le poids de l'adversité. Les progrès dans les études arrivent en travaillant. Le Seigneur est tout puissant ; les cieux en célèbrent la gloire. Nous voyagerons en Allemagne. Certains bavards tracent autour de vous le cercle de Popilius et ne vous permettent plus d'en sortir.

80ᵐᵉ Exercice et **modèle** *sur l'analyse simple de la préposition, de l'adverbe, du participe, du verbe, du pronom, de l'adjectif, de l'article et du substantif.*

DÉFIN. DIVISION. FONCT.

La　　　Art. simp. fém. sing.　déterminant *grandeur.*
grandeur Sub. com. fém. sing.
de　　　Prép. simp. exprimant le rapport de *grandeur* et *Paris.*
Paris　　Sub. prop. mas. sing.

Analysez de même : La bonté de Dieu est infinie. La joie brillait sur son visage. Le malheureux est soutenu par l'espérance. Les bavards tracent autour de vous le cercle de Popilius.

81ᵐᵉ Exercice *sur l'analyse motivée.*

Analysez les phrases précédentes. (Voir le modèle à la fin de la *Lexicologie.*)

CHAPITRE IX.

DE LA CONJONCTION.

DÉFINITION ET DIVISION.

82ᵐᵉ Exercice *sur les conjonctions.* (Copier le principe du n° 76 de l'*Abrégé.*)

L'Élève mettra les initiales *conj. simp.*, au-dessous de chaque conjonction simple; et les initiales *conj. comp.*, au-dessous de chaque conjonction composée.

Il faut être docile lorsqu'on nous reprend. Le temps fuit et la perte en est irréparable. L'amitié disparaît dès que l'estime est détruite. Ne soyons pas orgueilleux ; car nous sommes nés faibles. La lumière ne peut pénétrer un caillou ni la tête d'un sot. Evitez l'oisiveté , parce qu'elle est la mère de tous les vices. Ne soyez ni ingrat ni méchant. Pouvez-vous compter sur un succès , si le ciel est contre vous. Les femmes ne peuvent imaginer de parure qui les embellisse autant que la vertu.

83ᵐᵉ Exercice et **modèle** *sur l'analyse simple de la conjonction, de la préposition, de l'adverbe, du participe, du verbe, du pronom, de l'adjectif, de l'article et du substantif.*

Nous	Pron. pers. masc. plur. 1ʳᵉ pers.
travaillons	Verbe neutre à l'indicatif prés. 1ʳᵉ conj. 1ʳᵉ pers du pluriel, ayant pour sujet *nous.*
et	Conj. simpl. unissant la propos. *nous travaillons* à la proposition *nous lisons.*
nous	Pron. pers. masc. plur. 1ʳᵉ pers.
lisons	Verbe actif à l'ind. prés 4ᵉ conj. 1ʳᵉ pers. du pluriel, ayant pour sujet *nous.*

Analysez de même : Evitez l'oisiveté , parce qu'elle est la mère de tous les vices. L'amitié disparaît dès que l'estime est détruite. Tandis que nous parlons , le temps jaloux s'enfuit.

84ᵐᵉ Exercice *sur l'analyse motivée.*

Analysez les phrases précédentes. (Voir le modèle à la fin de la *Lexicologie.*)

CHAPITRE X.

DE L'INTERJECTION.

DÉFINITION ET DIVISION.

85ᵐᵉ Exercice *sur les interjections.* (Copier le principe du nᵒ 77 de l'*Abrégé.*)

L'Élève mettra les initiales *int. simp.* au-dessous de chaque interjection simple ; et les initiales *int. comp.* au-dessous de chaque interjection composée.

Oh ! que de la vertu les charmes sont puissants ! Tout passe donc, hélas ! sur cette pauvre terre ! Ho ! laissezmôi mes riants souvenirs. Eh ! peut-on voir souffrir cette âme généreuse. O suprême plaisir dé pratiquer la vertu ! Fi du plaisir que la crainte peut corrompre ! Holà hé ! que l'on aille chercher Monsieur de l'Empyrée. Ah ! que Dieu doit être heureux ! lui qui répand tant de bienfaits sur toutes ses créatures.

86ᵐᵉ Exercice *sur les mots pris accidentellement comme interjections.* (Copier le principe du n° 78 de l'*Abrégé.*)

L'Élève copiera cet exercice et en soulignera tous les mots pris accidentellement comme interjections.

Te voilà sur tes pieds, droit comme une statue ; dégourdis-toi, courage ! allons qu'on s'évertue ! Hé ! bonjour, M. le Corbeau, que vous êtes joli ! que vous me semblez beau ! Silence ! silence ! voici l'ennemi, disait le grand Condé à l'auditoire, quand Bourdaloue montait en chaire. Ta ta ta ta ! voilà bien instruire une affaire.

87ᵐᵉ Exercice et **Modèle** *sur l'analyse simple de l'interjection, de la conjonction, de la préposition, de l'adverbe, du participe, du verbe, du pronom, de l'adjectif, de l'article et du substantif.*

	DÉFINITION	DIVISION	FONCTION	
ah !	Interjection	simple	exprimant	l'admiration.
hélas !	Interj.	simp.	expr.	la douleur.
chut !	Interj.	simp.	expr.	l'affirmation.

Analysez de même : Ah ! j'admire votre noble générosité ! Hélas ! plaignez son infortune. Oh ! pratiquons la vertu ! Silence ! jeunes élèves !

88ᵐᵉ Exercice et **Modèle** *de l'analyse motivée.*

Analysez les phrases précédentes. (Voir le modèle à la fin de la *Lexicologie.*)

PREMIER TABLEAU SYNOPTIQUE

Des dix parties du discours pour servir de modèle à l'analyse théorique ou la seule usitée dans l'enseignement ordinaire.

6 Mots variables.

Substantif.	déf. div. g.	n.		
Article.	déf. div. g.	n.	fonc.	
Adjectif.	déf. div. g.	n.	fonc.	
Pronom.	déf. div. g.	n.	perso.	
Verbe.	déf. div. mod. tem.	conju. pers. n. suj. co.		
Participe.	déf. div. g.	n.	fonc.	

4 Mots invariables.

Adverbe.	déf. div.	fonc.
Préposition.	déf. div.	fonc.
Conjonction.	déf. div.	fonc.
Interjection.	déf. div.	fonc.

Explication des abréviations qui précèdent : déf. définition, — div. division, — g. genre, — n. nombre, — fonc. fonction, — pers. personne, — mod. modes, — tem. temps, — conju. conjugaison, — suj. sujet, — co. compléments, direct et indirect.

MODÈLE D'ANALYSE THÉORIQUE.

Alexandre Subs. pro. masc. sing.

défit Verbe actif, à l'ind. passé défini 4e conj. 3e pers. sing. ayant pour sujet *Alexandre*

complètement Adv. simp. modifiant le verbe *défit.*

Darius Subs. prop. masc. sing.

à Prép. simp. exprimant le rapport de *Darius* et *bataille.*

la Art. simp. fémin. sing. déterminant *bataille.*

fameuse Adj. qual. fémin. sing. qualifiant *bataille.*

bataille Subs. com. fémin. sing.

d' Prép. simp. exprim. le rapport de *bataille* et *Arbelle.*

Arbelle Subs. pro. fémin. sing.

et Conj. simp. liant la proposition qui précède à celle qui suit.

poussa Verb. actif à l'ind. passé défini 2 conj. 3 pers. ayant pour sujet *il.*

ses Adj. déter. poss. fém. plu. déterminant *conquétes*

conquétes Subs. com. fémin. pluriel.

jusqu'à Prép comp. expr. le rap. de *conquétes* et *l'Indus.*

l' Art. élidé masc. sing. déter. *Indus.*

Indus Subs. pro. mas. sing.

Analyse détaillée des parties du discours.

Alexandre- *Subs. propre masc. sing. sujet* du verbe DEFIT. — *Subst.* parce qu'il représente un être existant dans la nature ; *propre,* parce qu'il ne convient qu'à un seul homme nommé Alexandre ; *masc.* parce qu'il convient à un être mâle ; *sing.* parce qu'il désigne un seul être.

Défit. *Verbe, actif, à l'indicatif ; au passé défini, 4ᵉ conj. 3ᵉ pers. du sing.*, ayant pour sujet Alexandre, et pour complément direct Darius. *Verbe,* parce qu'il marque l'affirmation ; *actif,* parce que son sujet fait l'action, et qu'il a un complément direct ; *à l'indicatif,* parce qu'il désigne l'affirmation d'une manière cer-taine et absolue ; *au passé défini,* parce qu'il marque l'action dans une époque où l'on n'est plus. *4ᵉ conj.*, parce que son infinitif est terminé en RE ; *3ᵉ pers. du sing.*, parce que son sujet est de la troisième personne du singulier, ayant pour sujet *Alexandre*, parce que c'est le mot qui fait l'action, et pour complément di-rect *Darius*, parce qu'il complète directemens la si-gnification sans le secours d'aucune préposition.

Complètement. *Adverbe simp.* — *Adv.* parce qu'il modifie le verbe DÉFIT ; *simp.* parce qu'il est exprimé par un seul mot.

Darius. *Subs. propre, mas. sing.*, *complément* du ver-be DEFIT. — *Subs.* parce qu'il représente un être existant dans la nature ; *prop.* parce qu'il ne convient qu'à un seul homme nommé Darius ; *mas.* parce qu'il convient à un être mâle ; *sing.*, parce qu'il ne dési-gne qu'un seul être.

à *Pré. simpl.* — *Prép.* parce qu'elle exprime le rapport de Darius et bataille ; *simp.* parce qu'elle est exprimée par un seul mot.

La *Art. simp. fém. sing.* déterminant *bataille.* — *Art.* parce qu'il est placé devant un subst., et qu'il en fait connaître le genre et le nombre ; *simp.* parce qu'il n'est formé que d'un seul mot ; *fém. sing.* parce que le substantif bataille qu'il détermine, est de ce genre et de ce nombre.

Fameuse. *Adj. qual. fém. sing.* qualifiant *bataille.* — *Adj.* parce qu'il qualifie le subs. bataille ; *fém. sing.* parce que le substantif qu'il qualifie, est de ce genre et de ce nombre.

Bataille. *Subst. commun, fém. sing. complém.* de la préposition *à.* — *Subst.* parce qu'il représente un objet existant dans la nature ; *comm.* parce qu'il convient à tous les objets de la même espèce ; *fém.* parce que l'usage lui a donné ce genre par imitation ; *sing.* parce qu'il désigne un seul objet.

d' *Prép. simp.* — *Prép.* parce qu'elle exprime le rapport de bataille et Arbelle; *simp.* parce qu'elle est exprimée par un seul mot.

Arbelle. *Subs. prop. fém. sing.* — *Subst.* parce qu'il représente un objet existant dans la nature ; *prop.* parce qu'il ne convient qu'à un seul objet ; *fém.* parce que l'usage lui a donné ce genre par imitation ; *sing.* parce qu'il ne désigne qu'un seul objet.

Et *Conjonc. simp.* — *Conjonc.* parce qu'elle lie deux propositions. — *Simp.* parce qu'elle n'est exprimée que par un seul mot.

Poussa. *Verbe, actif, à l'indicatif, au passé défini,* 1er *conj.*, 3e *pers. du sing.* ayant pour sujet *il,* et pour complément dir. *ses conquêtes.* — *Verbe*, parce qu'il marque l'affirmation ; *actif,* parce que son sujet fait l'action et qu'il a un complément direct ; *à l'indicatif,* parce qu'il désigne l'affirmation d'une manière certaine et absolue ; *au passé défini,* parce qu'il marque l'action dans une époque où l'on n'est plus ; 1re *conj.* parce que son infinitif est terminé en ER ; 3e *pers. du sing.* parce que son sujet est de cette personne et de ce nombre ; ayant pour sujet *il,* parce que c'est le mot qui fait l'action, et pour complément direct *ses conquêtes,* parce qu'il complète directement la signification du verbe sans le secours d'aucune préposition, et on le connaît en ce qu'il répond à la question *quoi?* faite immédiatement après le verbe.

Ses. *Adj. déterm. posses. fém. plur. déterm.* conquêtes.
— *Adj.* parce qu'il modifie un substantif; *déter*, parce
qu'il restreint la signification d'un substantif ; *fém.*
parce qu'il détermine un substantif de ce genre et de
ce nombre ; *déterm.* conquêtes, parce qu'il en restreint
la signification.

Conquêtes. *Subst. com. fém. plur. complém. direct.*
— *Subst.*, parce qu'il représente un objet existant dans
la nature ; *com.* parce qu'il convient à tous les objets
de la même espèce ; *fém.* parce que par imitation l'u-
sage lui a donné ce genre : *plu.* parce qu'il exprime
plusieurs objets.

Jusqu'à. *Pré. comp.* ayant pour complément l'*Indus.*
— *pré.* parce qu'elle exprime le rapport de poussa et
Indus ; *compo,* parce qu'elle est exprimée en deux
mots ; ayant pour compl. l'*Indus*, parce qu'elle en
complète la signification.

L' *Art. élidé mas. sing. indiquant* que Indus est pris
dans un sens déterminé. *Art.* parce qu'il est placé devant un substantif, et qu'il en fait connaître le genre
et le nombre ; *élidé,* parce qu'on a retranché la voyelle
e que l'on a remplacée par une figure appelée apostrophe ; *masc. sing.*, parce que le substantif Indus est
de ce genre et de ce nombre ; *indiquant* que le substantif Indus est pris dans un sens déterminé, parce
qu'il en désigne l'espèce.

Indus. *Subst. pro. masc. sing. compl.* de la préposition
jusqu'à; *subst.*, parce qu'il représente un objet existant dans la nature ; *pro.* parce qu'il convient à un objet
unique; *masc.* parce que par imitation l'usage lui a
donné ce genre ; *sing.* parce qu'il ne désigne qu'un seul
objet.

SECOND TABLEAU SYNOPTIQUE.

*Des dix parties du discours pour servir simultanément
à l'analyse théorique et pratique , la seule réellement
progressive et toute spéciale à ce nouvel enseignement.*

Voir la note explicative de la page précédente IX.

6 MOTS VARIABLES

1o Substantif	2o genre et nombre	3o lett. et acc.
1o Article	2° g. n.	3o lett. acc.
1o Adjectif	2o s'accordant (1)	3o lett. acc.
1o Pronom	2° g. n.	3° lett. acc.
1o Verbe	2° à quelle catégorie (2)	3° lett. acc.
1o Participe	2o s'accordant (3)	3o lett. acc.

4 MOTS INVARIABLES

1° Adverbe	2° inv.	3o lett. acc.
1° Préposition	2o inv.	3o lett. acc.
1° Conjonction	2o inv.	3o lett. acc.
1o Interjection	2° inv.	3o lett. acc.

(1) *S'accordant avec tel substantif.* — (2) *Indiquer à quelle catégorie il appartient , et le soumettre au principe qu'elle renferme.*
Voir page 54 des Exercices.— (3) *S'accordant avec tel substantif.*

Cette nouvelle analyse suppose la connaissance parfaite,
mais presque unique , des principes de la page 4 , 5 , —
9, 10, 11 , — 37, 38, 39, 40, 41 , — 68, 69. 70,
71 , 72, 73 de la *Grammaire classique* — plus les principes
syllabiques de la page 2-3 et ceux des quatre catégories du
verbe de la page 54 des *Exercices orthographiques.*

MODÈLE D'ANALYSE THÉORIQUE ET PRATIQUE.

*Dieu dit à notre esprit comme à l'Océan, tu viendras bri-
ser tes flots orgueilleux contre un atôme et un grain
de sable.*

Dieu   1° sub.   — 2° m. s.—3° il commence par une
majuscule, parce qu'on met cette
lettre au commencement des phrases et des noms propres.

dit   1° ver.   — 2° à la 4e catégorie, il s'accorde
avec son sujet Dieu, et se met à la
3e pers. du sing. qui se termine par
t excepté qu'elle finisse par *e* ou
par *a*; — pas d'autre observation.

à   1° pré.   — 2° inv. — 3° il prend un accent
grave pour être distingué de *a* verbe

notre   1° adj.   — 2° s'accordant avec esprit. —
3° pas d'autre observation.

esprit   1° subs.   — 2° m. s. — 3° on connaît qu'il se
termine par *t* au moyen de sa dé-
rivation *spirituel*.

comme   1° conj.   — 2° inv.—3° il double la 1re consonne
médiale de même que tous les mots
qui commencent par *col*, *com*, *cor*.

à   1° pré.   — 2° inv.—3° il prend un accent grave
pour être distingué de *à* verbe.

l'   1° art.   — m. s.— 3° il prend une apostrophe
à cause de l'élision.

Océan,   1° sub.   — 2° m. s. — 3° prend un accent aigu
sur le *é* fermé, parce qu'il termine
la syllabe, et on connaît que *an*
s'écrit par *a-n* au moyen de sa dérivation *Océanie*.

tu   1° pro.   — 2° m. s. — 3° pas d'autre observation.

viendras   1° verb. — 2° à la 4e catégorie. — Il s'accorde avec son sujet *tu*, et se met à la 2e pers. du sing., qui se termine par *s*.

briser   1° verb. — 2° à la 2e catégorie et il se met à l'infinitif. — 3° on ne met qu'un *s* entre deux voyelles quand il a le son du *z*. — le *er* fermé ne prend point d'accent aigu, parce qu'il ne termine pas la syllabe.

tes   1° adj. — 2° s'accordant avec flots — 3° pas d'autre observation.

flots   1° sub. — 2° m. pl. — 3° on connait qu'il se termine par un *t* au moyen de sa dérivation, *flotter*.

orgueil-leux   1° adj. — 2° s'accordant avec flots — 3° on connait que la syllabe *ueil* commence par *u*, quand elle est précédée de *c* ou de *g* — on écrit *ill* toutes les fois que les *ll* sont dites à son mouillé — on connait que *eux* se termine par *x* au moyen de sa dérivation, *orgueilleuse*.

contre   1° pré. — 2° inv.

un   1° adj. — 2° s'accordant avec atôme.

atôme   1° sub. — 2° m. s. — 3° on met un accent circonflexe sur le *ô*, quand il est suivi de *le*, *me*, *ne*.

et   1° conj. — 2° inv. — 3° pas d'observation.

un   1° adj. — 2° s'accordant avec grain — par d'observation.

grain   1° sub. — 2° m. s. — 3° on connait que *ain* s'écrit par *a - i - n* au moyen de sa dérivation *granivore*.

de   1° pré. — 2° inv. — 3° pas d'observation.

sable   1° sub. — 2° m. s. — 3° pas d'observation.

NOTE. Ce court exposé indique aisément combien cette nouvelle analyse est simple, logique et féconde en résultats, et combien il importe d'y exercer presque constamment les élèves.

DE L'ORTHOGRAPHE.

CONSONNES MÉDIALES.

89. Exercice *nouveau et progressif sur le re-doublement des consonnes médiales* C, F, L, *etc., unis-sant les deux premières syllabes d'un mot.* (Copier le principe du n° 79 de l'*Abrégé.*)

L'Élève copiera les deux exercices suivants et en soulignera les doubles consonnes médiales *c*, *f*, *l*, etc. ; exemple : Je plains l'homme accablé du poids de son loisir.

ac, ac, al, ap, ar, at.

ac : Accourir, accoutumer, accorder, accentuer, accessible, accidentel, accabler, accuser, accepter, accomplir, accommoder, accaparer, accélérer. — **af** : Affaiblir, affermer, affadir, affaire, affranchir, affabilité, affaisser, afférence, afficher, affronter, affirmer. — **al** : Allumer, allonger, allouer, allocation, aller, alléguer, allégorie, alliance, allusion, alliage, allure, allongement, allécher. — **ap** : Apprendre, approfondir, appuyer, apparaître, appris, appeler, applaudir, apporter, approcher, appartenir, appliquer, appauvrir, appesantir. — **ar** : Arriver, arrondir, arranger, arrêter, arrogance, arroser, arracher, arrimer, arrivage, arrangement, arrière, arroger. — **at** : Attendre, attérer, attribuer, attraction, attachement, attaquer, attentif, attestation, attrister, attention, atteindre, attrayant.

ef.

ef : Efforcer, effronter, efficacité, effrayé, effleurer, effeuiller, effusion, effréné, effacer, effectué, efféminé, effarouché, effervescence, effet, effraction, effronterie.

il, im, ir.

il : Illusion, illumination, illustration, illégalité, illitéral, illicite, illisible, illégitimement, illimité, illusoire, illusion, illogiquement. — **im** : Immédiat, immanquable, immense, immoralité, immoler, immortalité, immuable, immodéré, imminent, immonde, immortification. — **ir** : irréprochable, irrévérence, irrascible, irritation, irréprochable, irrécusable.

oc, of, op.

oc : Occasion, occuper, occident, occurrence, occulte, occupation, occipital, occision. — **of** : Offrir, offense, offrande, office, offusqué, offertoire, officieux, offre. — **op** : Opposition, opportun, oppression, opprobre, opportunité, oppresseur, opposé, opposant, oppressif.

col, com, cor.

col : Collection, coller, collatéral, collaborateur, collége, collision, colline. — **com** : Commander, comme, commémoration, commencer, commode, commotion, commun. — **cor** : Correctif, corrélatif, correspondance, corridor, corrigible, corroborer, corruption, correctionnellement.

suf, sup, souf.

suf : Suffire, suffocation, suffrage, suffusion, suffisance, suffumigation. — **sup** : Supplanter, supplication, supplice, supporter, supposition, supprimer. — **souf** : Souffle, souffleter, souffrance, souffleur, souffrir, (soufre.)

Je plains l'homme accablé du poids de son loisir. Les longs discours n'avancent pas plus les affaires qu'une robe traînante n'aide à la course. Un flambeau nouvellement allumé éclaire mieux qu'une lampe antique. Apportez chaque jour une corbeille de terre, vous ferez une montagne. Des maximes éparses et sans suite feront toujours plus d'effet sur le cœur humain. Tant que le cœur conserve des désirs, l'esprit garde des illusions. Le temps est immobile comme le rivage ; nous croyons qu'il fuit, et c'est nous qui passons. L'or irrite la soif de l'or, et ne l'étanche pas. Il n'y a que les gens médiocres qui mettent en opposition la théorie et la pratique. Les nouveaux honneurs ressemblent aux habits neufs ; il faut un peu d'usage pour qu'ils collent sur le moule. Le châtiment entre dans le cœur de l'homme à l'instant où il commet le crime. Les voleurs font un cours de droit à la police correctionnelle. Un ignorant qui fait le suffisant est au-dessous des singes. Les exemples suppléent aux préceptes.

CONSONNES FINALES.

90. Exercice *sur les consonnes finales.*

L'Élève copiera ces deux exercices et en soulignera successivement soit les consonnes finales à dérivation ou à prononciation, soit les doubles consonnes médiales déjà désignées par la règle précédente ; exemple : Nu*l* sur la terre ne sait jamais quelle fi*n* l'a*ttend*.

Consonnes finales.		*Consonnes finales.*	
1° Indiquées par la dérivation.		2° Indiquées par la prononciation.	
(Voir n° 80 de l'*Abrégé*.)		Voir n° 81 de l'*Abrégé*.	
faim	*famine*	dans	*un jour*
fin	*finir*	mais	*un jour*
bord	*bordure*	temps	*agréable*
pris	*prise*	beaucoup	*aimé*
écrit	*écrite*	état	*alarmant*
fini	*finie*	cependant	*un jour viendra*
sang	*sanguin*	depuis	*un jour*
drap	*draperie*	devant	*un miroir*
berger	*bergère*	toujours	*agréable*
plomb	*plomber*	autant	*agréable*
rond	*ronde*	aussitôt	*arrivé*
long	*longue*	après	*un jour*
son	*sonné*	jamais	*un jour*
pont	*ponton*	plus	*agréable*
jonc	*joncher*	moins	*agréable*
front	*frontal*	parmi	*eux*
nom	*nommer*	encore	*un jour*

Une portion de la société peut-elle laisser l'autre mourir de faim ? Nul sur la terre ne sait quelle fin l'attend. Il est affreux de se trouver seul avec une mauvaise conscience au bord de l'éternité. L'homme probe, intelligent et instruit, est propre à tout. Le sang froid d'un joueur et d'un ambitieux est comme la glace sur un volcan. Un sot qui a un moment d'esprit, étonne comme des chevaux de fiacre au galop. Un état sans religion est comme un pilote sans gouvernail. Le gourmand qui a toujours le nez sur son assiette, ne voit rien au-delà. Un sot a beau faire broder son habit, ce n'est toujours que l'habit d'un sot. Le flambeau de la critique ne doit pas brûler ; mais éclairer.

VOYELLES MÉDIALES.

91. Exercice *sur les voyelles médiales à dérivation.*
(Copier le principe du n° 82 de l'*Abrégé*.)

L'Élève soulignera les voyelles médiales à dérivation ainsi que les lettres déjà désignées par les deux règles précédentes; exemple : le visage hum*ai*n exerce un gran*d* empire sur l'espri*t* et le cœur des hommes.

in   Divin, satin, fin, vin, voisin, lin, pin, crin, dauphin.
ain   Humain pain, main, bain, faim, vain, grain.
ein   Serein, plein, frein, feint.
ai   Eclairer, paix, air, sait, laine, lait, plaine,
ei   Peine, veine, enseigne, pleine.
è   Règle, je lève, je mène, je cède, je modère.
au   Les chevaux, les maréchaux, les généraux, chaud.
eau Marteau, couteau, ciseau, plumeau, manteau.
œu   Mœurs, cœur, œuf, bœuf, nœud, œuvre.

Le sommeil dompte la plus grande douleur, la faim. Un bon livre est un legs que son auteur fait au genre humain. Tout l'univers est plein de sa magnificence. Le vrai moyen d'être souvent trompé est de se croire plus fin que les autres. Parfois le divin Homère sommeille. Un fat sans esprit est dans un cercle de femmes, comme un dindon qui glousse en faisant la roue. Dans les pays chauds, on élève des vers à soie sur des muriers. Le visage humain exerce un grand empire sur l'esprit et le cœur des hommes.

EMPLOI DU m DEVANT p et b.

92. Exercice *sur l'emploi du* m *devant* p *et* b. (Copier le principe du n° 83 de l'*Abrégé*.)

L'Élève soulignera le *m* placé devant *p* ou *b* ainsi que les lettres déjà désignées par les trois règles précédentes ; exemple : l'auto*m*ne couronné de pa*m*pres et chargé de frui*ts* co*m*ble les vœux du laboureur.

Ambition, empire, impératrice, pompe, lampe, ombre, trompeuse, tremblement, semblable. *Exceptions* : bonbon, embonpoint, comte, automne, condamner.

La négative est le refuge de l'imbécille ignorance. L'univers est comme le temple de Dieu ; l'homme en est le pontife. Si l'opinion est la reine du monde, elle est l'impératrice de France. L'impatience gâte tout. Un homme vain trouve toujours son compte à dire du bien ou du mal de lui. Le maréchal de Vivonne était d'un embonpoint extraordinaire. L'Automne couronné de pampres, et chargé de fruits, comble les vœux du laboureur. L'usage nous condamne à bien des folies, la plus grande est de s'en faire les esclaves.

REDOUBLEMENT DU f.

93. Exercice *sur les syllabes* DIFF. DÉF. *et* RÉF. (Copier le principe du n° 84 de l'*Abrégé*.)

L'Élève soulignera les syllabes *diff, déf, et réf,* ainsi que les lettres déjà indiquées par les quatre règles précédentes ; exemple : les ignorant*s* et les présom*p*tueux sont les plus *diff*icultueux des hommes.

Difficile, différence, difformité, diffamation, diffusion. Déférence, défense, définition, défaut, défaillance. Référer, réfectoir, réfléchir, réformer, réfuter, réfléter.

La danse ne diffère de la folie qu'en ce qu'elle ne peut durer aussi longtemps. Les ignorants et les présomptueux sont les plus difficultueux des hommes. L'incertitude est après le désespoir, l'état le plus difficile à supporter pour le cœur humain. Le sage a honte de ses défauts ; mais il n'a pas honte de s'en corriger. Une déférence respectueuse pour nos supérieurs, une honnête complaisance pour nos égaux, une douce affabilité pour nos inférieurs, concourent à l'agrément de la vie. Dieu est au dessus de toutes les définitions. Le plus grand plaisir de l'homme est de réfléchir. Une sage réforme est une seconde création.

SYLLABE UEIL OU EUIL.

94. Exercice *sur la syllabe* UEIL *ou* EUIL. (Copier le principe du n° 85 de l'*Abrégé*.)

L'Élève soulignera la syllabe *ueil ou euil* ainsi que les lettres déjà désignées par les cinq règles précédentes ; exemple : l'excès de modestie est un excès d'org*ueil*.

Accueil, orgueil, cueilli, accueilli, recueilli, recueil, écueil, fauteuil, cerfeuil, écureuil, orgueilleux, chevreuil, cercueil, effeuillé, seuil, que je veuille.

Un recueil de maximes et de pensées solides et élégantes, plaît toujours à ceux qui aiment à réfléchir. L'excès de modestie est un excès d'orgueil. La nature donne à l'orgueilleux uue taille raide, une tête haute, uu air fier ; elle écrit sur son front : sot ! La fatigue se trouve quelquefois dans un fauteuil. Sans la vraie philosophie, nous tournons continuellement dans notre cage comme un écureuil, et nous ne sortons pas de prison.

SUBSTANTIFS FÉMININS TERMINÉS PAR é, i, u.

95. Exercice *sur les substantifs féminins terminés r* é, i, u. (Copier le principe du n° 86 de l'*Abrégé*.)

L'Élève soulignera la terminaison é, i, u, des substantifs féminins, ainsi que les lettres déjà désignées par les six règles précédentes ; exemple : Un bon livre est la panacée universel*le*.

La pensée, la jalousie, la joue, la vie, la boue, la queue, la philosophie, la rosée, la pluie, la modestie. *Sont exceptés généralement ceux en* té, *ou en* tié ; la bonté, la pitié, la vérité, l'humilité, l'amitié, la crédulité, la probité, la docilité, l'affabilité.

Un bon livre est la panacée universelle. La vie n'est qu'une ombre ambulante. Sans l'éducation et les sentiments, le riche n'est que de la boue saupoudrée d'or. Le cœur de l'homme cupide est un océan qui attend la pluie. L'homme est inexplicable, il craint de s'écorcher et vend tranquillement sa vie, moyennant 5 sous par jour. La pudeur pare la beauté, comme la rosée embellit la nature.

MAJUSCULES.

98. Exercice *sur les majuscules.* (Copier le principe n° 87 de l'*Abrégé.*)

L'Élève soulignera les majuscules ainsi que les lettres déjà désignées par les sept règles précédentes ; exemple : *Les Israélites* passsèrent la *Mer*-Rouge à pie*d*s secs.

Celui qui met un frein à la fureur des flots, sait aussi des méchants arrêter les complots. Chacun de vous a dans son sac le bâton de maréchal de France. Nancy est une des plus jolies villes de France. Le Rhin traverse les Pays-Bas, et se jette dans le Zuyderzée. Les Israélites passèrent la Mer-Rouge à pieds secs. L'Écriture nous vient des Phéniciens par Cadmus. Nos têtes sont comme les harpes d'Éole, soumises à l'action irrégulière des vents. La Grammaire a des principes plus importants qu'il ne paraît d'abord, sans leurs secours, il est impossible de bien écrire. Notre imagination se suspend aux brillantes ailes de l'Espérance, qui vole sans cesse dans le riant avenir. Vouloir tromper le Ciel, c'est folie à la Terre. Sur les ailes du Temps, la Tristesse s'envole. Répondez, Cieux et Mers ; et vous, Terre, parlez.

SIGNES ORTHOGRAPHIQUES.

ACCENTS.

97. Exercice *sur les* ACCENTS. (Copier le principe du n° 88 de l'*Abrégé*.)

L'Élève soulignera les voyelles accentuées ainsi que les lettres déjà désignées par les huit régles précédentes, exemple : *Il est un temps où la téte grise de l'abus n'inspire plus de respect à cause de son grand âge.*

accent aigu : La vérité, les procédés, aménité, rocher, pied, nez, effacer, élever, référer.

accent grave : Le père, le succès,—lès, des, ces, mes, tes, ses,—terre, appelle, espérance, sexe,— à, dès ; a, des — là, où ; la, ou,—deçà, déjà, holà, voilà, là-haut, là-bas, celui-là.

accent circonflexe : â, ê, î, ô, û.

â,   Lâche, bâtiment, âge, théâtre, gâteau.

ê,   Suprême, même, emblême, thème, système.

î,   Naître, paraître, croître, connaît, renaître.

ô,   Pôle, dôme, trône, fantôme, le nôtre, les vôtres.

û,   Dû, tû, crû,— du, tu, cru,—mûr, sûr,—mur, sur.

Il est un temps où la tête grise de l'abus n'inspire plus de respect à cause de son grand âge. La franchise a des bornes au-delà desquelles elle devient bêtise, étourderie. Un bienfait est une chaîne délicate qui lie notre cœur. Ce n'est pas toujours sur le théâtre des farceurs que se jouent les meilleures pièces. Le peuple est comme Cerbère que l'on endormait avec des gâteaux. Le suicide est toujours le crime d'un lâche. L'égoïste n'a pas de peine à rentrer en lui-même, il n'en est jamais sorti. On croit que la félicité suprême siège sur les gradins les plus élevés, c'est une erreur. L'immortelle est l'emblême d'une longue et constante amitié. Il y a beaucoup de gens à qui il manque un sixième sens, celui du bon et du beau. Le plaisir est une fleur qui naît sur la tige de la vertu. Un sot parvenu est comme sur une montagne d'où tout le monde lui paraît petit, comme il paraît petit à tout le monde. Dans les choses humaines, tout ce qui ne croît pas est prêt à décroître.

Tout paraissait jaune à l'œil ictérique. Vous connaissez l'impétueuse ardeur de nos français ; ces fous sont pleins d'honneur, ainsi qu'au bal, ils vont tous aux batailles. Les aumônes ne ressemblent pas mal à des remises qu'on fait sur l'éternité ; à son arrivée on les trouve payables à vue. La religion est la chaîne d'or qui suspend la terre au trône de l'Éternel.

APOSTROPHE.

98. Exercice *sur l'Apostrophe remplaçant les quatre voyelles* A, E, I, oi. (Copier le principe du n° 89 de l'*Abrégé*.)

L'Élève soulignera les signes en apostrophe ainsi que les lettres déjà désignées par les neuf règles précédentes ; exemple : *Les faux amis sont comme l'ombre du cadran ; ils s'évanouissent avec le soleil.*

1. L'amitié, l'ardeur, l'affabilité, l'intrépidité, l'envie.
1. Quelqu'un, quelqu'une, quelqu'autre; grand'mère.
2. J'aime, il m'écrit, il t'avertit, elle s'avance, nous l'instruisons, c'est lui, je crois qu'il finit son devoir.
3. Il n'arrivera pas. Cette lampe n'éclaire pas bien.
4. Entr'acte, s'entr'aider ; jusqu'à lui, jusqu'au ciel, jusqu'ici ; presqu'île ; tu lui conseilles d'étudier.
5. Lorsqu'il, puisqu'il, quoiqu'il ; lorsqu'elle, quoiqu'elles, lorsqu'on, puisqu'on, quoiqu'on, puisqu'un, quoiqu'un.
1. S'il vient, s'ils arrivent.
1. Voilà des fleurs, donne-m'en. Va-t'en loin d'ici.

Nous buvons tous à la source du bonheur dans un vase percé, lorsqu'il arrive à nos lèvres, il est presque vide. Que la beauté a des charmes, lorsqu'elle est unie à la sagesse. Nous avons tous un grain de folie, lorsqu'on y touche, notre tête bat la campagne. Lorsque Adam béchait, et que Éve filait, où était le gentilhomme. Lorsqu'un sot a un moment d'esprit, il étonne comme des chevaux de fiacre au galop. Lorsqu'une personne a mérité notre confiance, accordons-la-lui toute entière. Qu'il meure puisque enfin il a dû le prévoir, et puisqu'il m'a forcé enfin à le vouloir. Puisqu'elle joint la modestie à la beauté, elle doit mériter des hommages. Puisqu'on doit aider ses semblables, pourquoi les riches sont-ils si souvent sourds à la voix de l'infortune? Puisqu'une bonne méthode peut accélérer vos progrès, pourquoi ne la suivriez-vous pas? Comment ne tiendrions-nous pas à l'espérance, puisque espérer c'est être heureux. Jamais un lourdeau, quoiqu'il fasse, ne pourra passer pour galant. Quoiqu'elle possédât tout l'or du monde, l'avarice ne serait jamais satisfaite. Quoiqu'on puisse dire le génie brillera toujours. Quoique invisibles, il est toujours deux témoins qui nous regardent, Dieu et la conscience. Une loi devrait défendre aux citoyens de s'entre-persécuter. Lorsque les entr'actes sont un peu longs, les spectateurs trépignent d'impatience. Les sages vivent entre eux retirés et tranquilles. On appelle presqu'île une partie de terre environnée d'eau, à l'exception d'un seul endroit par où elle tient au continent.

TRAIT-D'UNION.

99. Exercice *sur le trait-d'union.* (Copier le principe du n° 90 de l'*Abrégé*.)

L'Élève soulignera les mots liés par le trait-d'union, ainsi que les lettres déjà désignées par les dix règles précédentes; exemple : *En France il y a quatre-vingt-six chefs-lieux de préfecture.*.

1. Des chef-lieux, des choux-fleurs, la Mer-Rouge, des hôtels-Dieu, des chefs-d'œuvre, des avant-coureurs.
2. Bleu-foncé, vingt-cinq, trente-six, quarante-huit, deux cent dix-neuf, chatain-clair.
3. Lui-même, elle-même, nous-mêmes, ci-dessous, là-haut, celui-là, sera-ce lui, celui-ci, ceux-là.
4. Aimé-je? donnez-le-moi, nous allons nous promener.
5. Pêle-mêle, tout-à-fait, jusque-là, très-sage, très-haut.
6. Un ex-préfet, un ex-professeur, docteur es sciences.

En France il y a quatre-vingt-six chef-lieux de préfecture. Le désespoir d'être laide ne se manifeste jamais plus que par une très-grande parure. Le parasite s'invite lui-même, et se croit bien invité. L'invention des télescopes date de l'année quinze cent quatre-vingt-dix. Le Mont-Blanc, la montagne la plus haute de l'Europe, a deux mille quatre cent quatre-vingts toises d'élévation. La fortune des riches, la gloire des héros, la majesté des rois, tout finit par ci-gît. Celui-là seul est véritablement libre qui se commande à lui-même. Tirer vanité de son rang, c'est annoncer que l'on est au-dessous. Jamais un chef ne vous fut plus nécessaire, et ce chef sera-ce Cosroës ? Dans le doute, abstiens-toi. Aime-t-il son pays celui qui refuse de lui consacrer sa vie ? Quand donc Athéniens ferez-vous ce qu'il faut faire ? Si je n'ai point démérité de votre amitié, rendez-la-moi. Je crois que ce jeune homme lit bien, faites-le lire. Voilà un excellent livre faites le lire.

TRÉMA.

100. Exercice *sur le tréma.* (Copier le principe du n° 94 de l'*Abrégé*.)

L'Élève soulignera les voyelles surmontées d'un tréma, ainsi que les lettres déjà désignées par les onze règles précédentes ; exemple : *L'égoïste mettrait le feu à la maison de son voisin* pour faire cuire un œuf.

Mosaïque, héroïne, Danaïde, Esaü, argüer, haïr, Saül, égoïste, ambigüe, cigüe, Misaël, Moïse, naïveté.

L'égoïste mettrait le feu à la maison de son voisin pour faire cuire un œuf. Une parole ambigüe accuse l'esprit ou le cœur de celui qui l'a dite. Ananias, Mizaël et Azarias furent jetés dans une fournaise ardente par ordre de Nabuchodonosor, roi d'Assyrie. Les bavards mettent toutes leurs actions en paroles, comme les poètes et les musiciens mettent toutes leurs paroles en musique.

CÉDILLE.

101. Exercice *sur la cédille.* (Copier le principe du n° 92 de l'*Abrégé*.)

L'Élève soulignera les *c* marqués d'une cédille, ainsi que les lettres déjà désignées par les douze règles précédentes ; exemple : *La monarchie française commença sous* Pharamond.

Façade, maçonnerie, reçu, français, il aperçoit, façonner, il conçoit, leçon, il plaça, nous avançons, il traça.

La monarchie française commença sous Pharamond, en l'an 420. Les ignorants croient tout voir, et ils ne voient rien ; ils n'aperçoivent tout au plus que de vaines ombres qui n'ont rien de réel. Le véritable orphelin est celui qui n'a pas reçu d'éducation. La vie est un combat dont la palme est aux cieux. Le génie recule les limites du possible.

PRINCIPES NOUVEAUX ET TRÈS-IMPORTANTS

Sur les initiales, les radicaux et les désinences d'un grand nombre de mots français tirés du latin et du grec.

L'étude de ces trois éléments constitutifs a pour résultat immédiat d'initier les élèves au véritable esprit de notre langue et à la connaissance intime de son caractère et de ses formes ; elle donne à leur jugement plus de finesse et de précision, en élargissant le cercle de leur intelligence par les expressions et les idées dont elle l'enrichit.

Liste et Explication

Des initiales françaises tirées du latin.

a, ae, ad, af, al, ap, at, *marquent* tendance, addition, rapprochement.
ante, *signifie* avant, antériorité.
anti, contre, *quelquefois* avant.
circon, autour, parmi, circuit.
contre, opposition contre, à l'encontre.
co, col, com, con, *signifient* union, accord.
dé, des, séparation, sortie, exclusion, émission.
di, dis, séparation, opposition, dispersion.
e, ex, extraction, éloignement, dehors.
extra, hors, excepté, au-delà.
em, en en, dans, sur, avec, introduction.
entre, intérieur, réciprocité, entre.
équi, signifie égal.
il, non.
im, non.
in, non, dans, contenance, introduction.
inter, intérieur, entre.

ir, signifie non, dans.
pré, avant, devant, au-dessus de, antériorité.
pro, en avant, à la place de, but.
ra, re, rem, ren, res, de nouveau, en arrière.
retro, en arrière, de nouveau.
sou, sub, en dessous, infériorité.
sur, sur, au-dessus, supériorité.
trans, à-travers, au-delà.

102. Exercice *sur l'orthographe et la signification des mots tirés du latin et avec leurs initiales, leurs radicaux et leurs désinences.*

L'Élève fera ici un double exercice : dans le premier, il écrira les mots suivants en colonnes et en séparera l'initiale du radical par une ligne verticale ; et dans le second, il écrira en regard la signification de chaque mot qu'il pourra chercher dans le dictionnaire.

MODÈLE.

1er EXERCICE.		2me EXERCICE.
adonner,	—	*il s'est donné plus fréquemment.*
adjoindre,	—	*se joindre auprès.*
antediluvien,	—	*avant le déluge.*
antifébrile,	—	*contre la fièvre.*
coassocié,	—	*associé avec ou ensemble.*
immatériel,	—	*qui n'est pas matériel.*
reblanchir,	—	*blanchir de nouveau.*

PREMIÈRE SECTION.

a, ac, ad, af, al, ap, at, — (marquent l'*addition*, le *rapprochement*, la *répétition*,) **a** — adonner, agrandir, ajuster, aligner, allonger, amener. — **ac** — accoler, accompagner, accourir, accouder, accrocher, accueillir, — **ad** — adjoindre, admettre, adapter, adopter. — **af** — affaiblir, affamer, affermir, affiler, affilier, affranchir, affronter. — **al** — alléger, allocation. — **ap** — apporter, appointer, apprendre, approcher, approfondir, approvisionner, approuver. — **at** — attirer, attitrer, attraction, attrister.

anté — (signifie *avant*,) antécédent, antédiluvien, antéoccupation, antépénultième, antérieur.

Anti — (signifie *contre* et quelquefois *avant*,) ant/cholérique, antichrétien, anticonstitutionnel, antidote, antiémétique (par syncope anté*mélique*), antiépileptique, antifébrile, antimélancolique, antinational, antinévralgique, antiphlogistique, antipode, antisocial, antivénimeux, antichambre, antidater, anticiper.

DEUXIÈME SECTION.

Circon — (signifie *autour*,) circonférence, circonlocution, circonscrire, circonvenir, circonnavigation, circompolaire, circonflexe, circonspect, circonstance, circonvolution.

Contre — (marque *opposition*), contredire, contrefaire, contremander, contrépreuve, contresigner, contrevenir, contrebalancer.

Co, col, com, con, — (signifient *union, accord*) — **co,** — coaccuser, coassocier, coexistence, cohéritier, coopération. — **col** — collaborateur, collégataire, colporter. — **com** — combattre, commère, compatriote, compère, complantation, compression, — **con** — concession, concitoyen, concourir, condescendre, condisciple, condoléance, confédération, confier, confraternité, confondre, confrère, congélation, conjonction, conjuré, consolidé, contenir, convocation.

TROISIÈME SECTION.

Dé dés — (signifient *séparation, renversement, sortie*) — **dé** — déballer, débarquer, déboiter, déborder, déboucher, déboucler, débrider, décacheter, décapiter, déchaîner, déchausser, décoiffer, décolorer, décomposer, déconsidérer, découdre, découler, découper, décourager, découvrir, décréditer, décroître, dédire, défaire, défavorable, déformer, défeuiller, défigurer, défiler, déflorer, dégarnir, dégeler, dégrader, dégraffer, dégraisser, délier, déloger, démarquer, démasquer, démériter, dénationaliser, dénaturer, dénouer, dépeupler, déplacer, déposséder, déraciner, déraisonner, déranger, dérégler, dérouler, désaffectionner, désagréable, désagréer, désaltérer, désapprouver, désarmer, désassocier, désavantager, désenchanter, désennuyer, désespérer, déshabiller, déshériter, déshonorer, désintéresser, désobliger, désorganiser, dessouder, désunir, déverser.

Di dis — (signifient *négation, séparation, opposition,*) difficile, difforme, discontinuer, discréditer, disgracier.

QUATRIÈME SECTION.

E, ex, — (marquent *l'extraction, l'éloignement*) écouler, écrouler, effiler, effeuiller, effleurer, effréné, élaborer, élaguer, élargir, éligible, élire, éloigner, émarger, évaporer, éveiller, éplucher, épointer, épointiller, épuiser, épurer, exporter, exhausser, exonérer, expurger, expatrier, exposer, expulser, excommunier.

Extra, — (marque *hors, excepté, au-delà*) —extraordinaire, extravaser, extrajudiciaire, extralégal.

Em, en, —(signifient *en, dans, sur*, et quelquefois *avec*)emboiter, emmener, empaqueter, emporter, emprisonné, encaisser, enchaîner, endoctriner, endurcir, enfermer, enflammer, enjouer, enlever, enregistrer, enrichir, enrôler, entourer.

Entre, — (signifie l'*intérieur, la réciprocité*) entremettre, entremêler, entrepardonner, entreprendre, entresouvenir, entretenir, entrevoir, entr'ouvrir, entrelacer.

Equi, —(signifie *égal*) équilatéral, équidistant, équinoxe, équipondérance, équissonnance, équitable, équivalant, équivoque.

CINQUIÈME SECTION.

Il, — (signifie *non*) illégal, illégitime, illicite, illimiter, illettré, illogique, illisible.

Im, —(signifie *non*) immatériel, immobile, immodeste, immortalité, impalpable, impardonnable, imparfait, impartial, impassible, impatient, imperfectible.

In, — (signifie *non* et quelquefois *dans*) inabordable, inaceptable, inaccessible, inachevé, inactif, inadmissible, inaliénable, inaltérable, inamovible, inattaquable, inattendu, inattentif, incapable, incivil, inclément incolore, incommunicable, incomparable, inconnu, inconsidéré, inconsolable, inconvenance, incorrigible, indélicat, indigne, indivisible, inébranlable, ineffaçable, inexorable, inexplicable, infaillible, infatigable, inflexible, inhabileté, inhumanité, ininteligible, innombrable, inséparable, insupportable, intolérance, invincible, invraisemblance.

Inter, —(signifie *entre*) intercaler, interjecter, intérieur, interligner, interlocuteur, intermédiaire, interpeller, interposer, interrompre, intervenir.

Ir, — (signifie *non*) irrésonnable, irréfléchi, irréductible, irréformable, irrégularité, irréligieux, irréparable, irrépréhensible, irrésistible, irresponsable, irrévocable.

SIXIÈME SECTION.

Pré, — (signifie *avant, devant, au dessus de*) prédire, préconçu, prédestiner, prédominant, prééminent, préexister, préétablir, prématuré, préméditer.

Pro, — (signifie *en avant, à la place de*) proclamer, proconsul, pronominal, propension, proéminent, projeter, prolonger, promettre, promouvoir.

SEPTIÈME SECTION

Ra, re, rem, ren (signifient *de nouveau*) rabaisser, raccommoder, raccourcir, raconter, rafraichir, rajeunir, rallumer, ramener, ranimer, rappeler, — **re**, reblanchir, rebondir, reboiser, rechauffer, rechercher, recommencer, reconnaître, reconquérir, recoudre, recourber, recueillir, redescendre, redire, refendre, refondre, regagner, réimprimer, rejoindre, relire, remarier, remettre, — **rem, ren**, remplacer, remporter, rendormi, renfermer, replier, retomber, retourner, revenir, revoir.

HUITIÈME SECTION.

Retro, — (signifie *en arrière*) retroactif, retroagir, retrocéder, retrogradé, retrospectif.

Sous, sub, — (signifient *en, dessous, sous*) soumettre, souligner, soutenir, — **sub** — subdélégué, subdiviser, submerger, subordonner.

Sur, — (signifie *en dessus*) surabondance, surcharger, surfaire, surnager, surnaturel, surpasser, surveiller,

NEUVIÈME SECTION.

Trans, — (signifie *au-delà, à travers*) transférer, transformer, translucide, transmettre, transparence, transpercer, transporter, transvaser.

103. Exercice *sur la formation des familles de mots tirés du latin.*

L'Élève formera, aisément des familles de mots en ajoutant aux radicaux les initiales et les désinences dont chaque mot peut être susceptible.

PREMIÈRE SECTION.

RADICAL **mettre.**

DÉRIVÉS AVEC *initiales* et *désinences* : *admettre,* admis , admise, admission, admissible, admissibilité — *commettre,* commis, commise, commission, commissionnaire, commettant , commissionné , — *compromettre* , compromis , compromise , compromissionnaire , — *démettre* , démis, démise, démission, démissionnaire, — *émettre,* émis, émise, émission, émissaire, — *entremettre*, entremetteur, entremise. — *omettre*, omis, omise, omission, — *permettre,* permis, permise, permission, — *promettre,* promis, promise, promesse, — *remettre,* remis, remise, rémission , rémissible , — *soumettre* , soumis, soumise, soumission, soumissionné, soumissionnaire, — *transmettre,* transmis, transmise, transmission, transmissible.

RADICAL **prendre,**

DÉRIVÉS : prenant, prenable , preneur , pris, prise, — apprendre , appris, apprise , apprenti, apprentissage, — comprendre, compris, comprise, compréhensible, compréhensibilité, compréhension, compréhensivité, — méprendre méprise, — reprendre, repris, repréhension , repréhensible, repréhensif, repreneur, — surprendre, surpris, surprise, surprenant, surprenante, — entreprendre , entreprenant, entreprenante, entrepreneur, entrepris, entreprise

RADICAL **prudent,**

DÉRIVÉS : prudente, prudence, prudemment, imprudent, imprudente, imprudence, imprudemment

RADICAL **écrit**.

DÉRIVÉS : Écriture, écriteau, écritoire, écrivant, écrivain, écrivailleur, écrivassier, Scribe, conscription, conscrit, circonscrire, circonscription, circonscrit, décrire, description, descripteur, descriptif, inscrire, indescriptible, inscription, réinscription, prescrire, prescription, imprescriptible, proscrire, proscription, proscripteur, proscrit, rescrire, rescription, rescrit, souscrire, souscription, souscripteur, transcrire, transcription.

RADICAL **ame**.

DÉRIVÉS : Animé, animation, animosité, animal, animalité, animacule, animadversion, inanimé, animaliser, animalisation, longanimité, pusillanime, pusillanimité, pusillanimement, unanime, unanimité, unanimement, amitié, ami, amical, amicalement.

RADICAL **joint**.

DÉRIVÉS : Joindre, jonction, adjonction, coadjuteur, adjoindre, conjoindre, jointure, coadjutrice, conjonction, conjonctif, conjoints, jointure, conjoncture, disjoindre, disjonction, disjonctif, adjonction, adjectif, conjuguer, conjointement, enjoindre, injonction, réjoindre, réinjonction.

Le radical *courir*, précédé des initiales AC, CON, DIS, EN, PAR, PRÉ, RE, SE, forme les dérivés suivants : *accourir, concourir, discourir, encourir, parcourir, précurseur, recourir, secourir,* que l'on peut augmenter au moyen des désinences.

PORTER, *ap, col, dé, ex, com, an, entre, im, re, rem, ra, sup. trans.*

CONSTITUTIONNEL, *anti, extra, in, ré.*

Liste et Explication

des initiales françaises tirées du grec.

a,	signifie non, sans.
amphi,	deux, des deux côtés.
apo,	loin de, séparation, éloignement.
dia,	à travers.
épi,	sur.
hyper,	au-dessus, supériorité.
hypo,	au-dessous, infériorité.
méta,	au-delà, après.
para,	à-côté, contre, au-delà.
péri,	autour, parmi, circuit.
poly,	plusieurs.
pro,	avant.
sy, syn, sym,	union, accord, ensemble.
télé,	au loin, loin de.

104. Exercice *sur l'orthographe et la signification des mots tirés du grec avec leurs initiales ; leurs radicaux et leurs désinences.*

L'Élève copiera les mots suivants en colonnes et écrira en regard la signification de chaque racine, et ensuite la signification totale du mot.

MODÈLE.

Acéphale — A signifie *sans* et CÉPHALE, *tête* ; donc acéphale signifie sans tête.

Amphibie — AMPHI signifie *deux* et DIE, *vie* ; amphibie signifie qui vit sur terre et dans l'eau.

Aphélie — **ap** signifie *loin de*, et HÉLIE, *soleil*, donc **ap**hélie signifie loin du soleil, etc., etc.

A, AN — non, sans.

Acéphale, acotylédones, acratie, adynamie, anarchie anévrisme, anodin, anodynie, anomalie, anormal, anonyme, aodont, apathie, apétale, aphonie, aphylle, apnée, apsychie, asphyxie, asymétrie, athée, atóme, atrophie, azote.

AMPHI — deux, double, deux côtés.

Amphibie, **amphibo**logie, **amphi**céphale, **amphi**théâtre, **amph**ore.

AP, APO — loin de, en dehors, sans.

Aphélie, **apocryphe, apogée, aponévrose, apo**plexie, **apo**théose, **apo**stasie.

DIA — à travers, entre.

Diagonale, **dia**logue, **dia**mètre, **dia**phane, **dia**phonie, **dia**rthrose.

ÉP, ÉPI — sur, dans.

Éphémère, **ép**hémérides, **épi**crâne, **épi**démie, **épi**derme, **épi**gastre, **épi**glotte, **épi**gramme, **épi**graphe, **épi**logue, **épi**loguer, **épi**pétale, **épi**taphe, **épi**zootie.

HYPER — au-delà, au-dessus.

Hyperbole, **hyper**boréen, **hyper**dulie, **hyper**oxide.

HYPO — au-dessous, sous.

Hypocondrie, **hypo**condriaque, **hypo**crisie, **hypo**gastre, **hypo**gée, **hypo**glosse, **hypo**glotte, **hypo**gyne, **hypo**phtalmie, **hypo**thèse, **hypo**thèque.

MÉTA — en-delà.

Métachronisme, **méta**morphose, **méta**phore, **méta**physique, **métem**psychose, **mét**onymie.

PARA — à côté, semblable, contre, au-delà.

Paracentrique, **para**chronisme, **para**doxe, **para**doxologue, **para**logisme, **para**lysie, **par**hélie, **par**odie, **par**onyme, **par**onomasie, **par**oxysme.

PÉRI — autour, près de.

Péricrâne, **péri**drome, **péri**gée, **péri**gyne, **péri**hélie, **péri**mètre, **péri**odique, **péri**pétie, **péri**phérie, **péri**phrase, **péri**pneumonie, **péri**ptère, **péris**sologie, **péri**style, hydro-**péri**carde, iso**péri**mètre.

POLY — plusieurs.

Polycéphale, **poly**cotylédones, **poly**chrome, **poly**cratie, **poly**èdre, **poly**garchie, **poly**gène, **poly**glotte, **poly**gone, **poly**graphe, **poly**gynie, **poly**logie, **poly**nésie, **poly**oïde, **poly**onyme, **poly**pétale, **poly**phage, **poly**phone, **poly**phylle, **poly**scope, **poly**style, **poly**syllabe **poly**technique, **poly**théisme, **poly**théiste, **poly**trophie.

SY, SYN — avec, semblable.

Symétrie, **syn**chronisme, **syn**évrose, **syn**onyme, **syn**optique, **sym**pathie, **sym**phonie, **sys**tème, **syn**taxe, **syn**thèse.

TÉLÉ — loin, de loin.

Télégraphe, **téléo**logie, **téléo**logue, **télé**scope.

105. Exercice *sur la formation des familles de mots tirés du grec.*

Les Élèves procéderont comme dans l'exercice précédent.

AÉRO — L'air.

Aérographie, aérolithe, aérologie, aéromètre, aéronaute, aérophane, aérophobie, aérophone, aérostat.

ALGIE — douleur, tristesse.

Antalgie, cardialgie, céphalalgie, glossalgie, gonalgie, hydrophtalgie, néphralgie, névralgie, nostalgie, odontalgie, ophtalgie, otalgie, otalgique, prosopalgie.

GÉNÉ — nature, race, famille.

Généalogie, généalogiste, genèse, génie, hétérogène, homogène, hydrogène, oxygène, palingénésie, pathogénésie.

GÉO — terre, globe.

Géodésie, géodésiste, géogénie, géogonie, géographie, géographique, géohydrographie, géohydrographe, géologie, géologue, géologique.

MÉTRO — mètre, mesure.

Métrologie, métromane, métropole, aéromètre, astéromètre, asymétrie, baromètre, chronomètre, décamètre, dynamomètre, gazomètre, géométrie, goniométrie, graphomètre, hectomètre, héliomètre, hexamètre, homéomètre, hydromètre, isopérimètre, kilomètre, longimétrie, pantomètre, pentamètre, périmètre, photomètre, sphéromètre, thermomètre, trigonométrie.

PATHIE — affection, passion.

Pathétique, pathogénésie, pathognomonique, pathologie, pathopée, allopathie, antipathie, apathie, cacopathie, homœopathie, idiopathie, sympathie.

THÉO — Dieu.

Théisme, théiste, théocratie, théodicée, théogonie, théologie, théophanie, théophilanthropie, théophile, théophobe, théosophe, apothéose, athée, athéisme, monothéisme, panthéologie, panthéisme, panthéon, polythéisme.

OIDE — forme.

Céphaloïde, *conoïde*, *coronoïde*, *cycloïde*, *hélioïde*, *hydrop-
oïde*, *kaléidoscope*, *lithoïde*, *odontoïde*, *pétaloïde*, *scaphoïde*,
sphéroïde.

PHIL — j'aime.

Phil*anthropie*, **phil***anthropomanie*, **phil***autie*, **phil***harmonie*,
phil*hellène*, **philo***doxe*, **philo***logue*, **philo***mèle*, **philo***polite*, **phi-
lo***sophe*, **philo***sophie*, **philo***sophisme*, **philo***sophastre*, **philo***sophiste*,
philo*technie*, **philo***technique*, *biblio***phile**, *hydro***phile**, *icono***phile**.

PHOBIE — aversion.

*Aéro***phobie**, *anti*hydro**phobie**, *héma***phobie**, *hydro***phobie**,
*nécro***phobie**, *pan***phobie**, *panto***phobie**.

Les Professeurs qui voudront orner l'intelligence de leurs Élèves
pourront mettre entre leurs mains le Recueil étymologique et instructif de plusieurs milliers de mots français scientifiques dérivés
du grec. Au moyen de cet ouvrage entièrement nouveau dans l'enseignement du français, ceux qui ne sont point versés dans les
Langues anciennes, auront désormais la faculté d'acquérir, EN
QUELQUES SEMAINES, la connaissance orthographique et logotechnique de plusieurs milliers de mots expressifs et harmonieux, —
d'ajouter un ornement réel à leur langage, et de se rendre intelli-
gibles beaucoup de phrases employées dans les écrits modernes *et*
la conversation.

NOTE EXPLICATIVE

Par cet ensemble d'exercices successifs et gradués,
il est facile de reconnaître que ce volume donne une
nouvelle physionomie à l'étude de notre langue. Après
avoir exposé les mots dans leurs éléments syllabiques
à l'aide desquels l'élève peut aisément les composer et
les décomposer, il traite de leurs modifications variables
ou orthographiques, explique la signification particulière
que leur donnent les initiales et les désinences, grecques
ou latines, et les suit ainsi successivement dans leurs trois
combinaisons logiques jusqu'à la partie littéraire.

SECONDE PARTIE.

EXERCICES ORTHOGRAPHIQUES

SUR LA

SYNTAXE

D'ACCORD.

> L'analyse découvre plus sûrement que
> la synthèse, et la synthèse enseigne mieux
> que l'analyse.   (BOISTE.)

CHAPITRE PREMIER.

SYNTAXE.

DU SUBSTANTIF.

Observations générales pour les deux genres d'exercices syntaxiques.

1° Les Élèves, après avoir copié les exercices corrects et écrits en petits caractères, composeront sur chacun d'eux des phrases analogues à celles du livre, et procéderont de la même manière pour tous les exercices phraséologiques.

2° Les Élèves après avoir copié les exercices fautifs et écrits en grands caractères en corrigeront les fautes qui sont faites à dessein.

EXERCICES PHRASÉOLOGIQUES ET CORRECTS.

Du double genre de quelques substantifs.

106. Exercice *sur le double genre de quelques substantifs*. (Copier le principe du n° 93 de l'*Abrégé*.)

Les Élèves remplaceront les adjectifs de l'exercice suivant par d'autres adjectifs de même nature.

Amour, Délice, Orgue :

Amour éternel	Amour pur	De nouvelles amours
Amour sincère	Un vif amour	De tendres amours
Grand amour	D'innocentes amours	Des amours frivoles
Quel délice	Un grand délice	Toutes ses délices
C'est un délice	Ses chères délices	Ces vraies délices
Un bel orgue	Orgue portatif	Orgues bruyantes
Un orgue neuf	Orgue mélodieux	De belles orgues

Enfant.

Un bel enfant	Un enfant vif	Une enfant chérie
Cet enfant obéissant	Cette belle enfant	Cette douce enfant

Pâques.

Pâques est passé	La veille de pâques	Pâques closes
Pâque est beau	Manger la pâque	Pâques fleuries

Gens :

Des gens heureux	Tous les habiles gens	Les vieilles gens sont
Des gens savants	Les meilleures gens	expérimentés
Des gens imprudents	que j'ai connus	De charmantes gens

Exercice fautif.

Les Élèves, après avoir copié cet exercice, en corrigeront les fautes faites à dessein, et procèderont de la même manière pour tous les exercices fautifs.

L'amour divine est la base de toutes les vertus. Les délices que le plaisir donne sont souvent faux et trompeurs. L'orgue est un instrument harmonieuse qui convient à l'église, elle a quelque chose de céleste dans ses sons. Areskouï, démon de la guerre, et le génie des fatals amours se lèvent à la fois pour seconder les desseins du prince des ténèbres. L'enfant ne voit la vie qui se présente à *lui* ou à *elle*, que comme une route semée de fleurs. La contemplation est la plus chère délice d'un esprit élevé. Les premiers orgues ont été inventés par Archimède, et ceux qu'on apporta en France avaient été donnés à Pépin, par l'empereur Constantin Copronyme. Personne n'est assez peu instruite pour ignorer que la religion catholique repose sur des fondements divins; les personnes qui cherchent à la détruire sont ordinairement mal intentionnés. A Pâques prochaine. Comme les Juifs au festin de Pâque, on assiste au banquet de la vie, à la hâte, debout, les reins ceints d'une corde, les souliers aux pieds et le bâton à la main. D'un buis sacré, chaque printemps nouveau, Pâques fleuri ombrageaient son chapeau. Il faut se mettre au moins une fois tous les ans en état de faire de bons Pâques. Cher enfant! disait une mère à sa fille, sans toi, il n'est point de bonheur pour moi. Que de gens resplendissantes comme la lune pendant la nuit, ne sont plus comme elle qu'un petit nuage au grand jour. Les meilleurs fruits sont ceux qui ont été becquetés par les oiseaux, et les honnêtes gens sont celles que déchire la calomnie. Les gens gaies ont le don merveilleux de mettre en train les gens les plus sérieuses.

Pluriel des Substantifs propres :

107. Exercice *sur le pluriel des substantifs pro-pres.* (Copier le principe de la page 78 de l'*Abrégé*.)

Les Élèves remplaceront les substantifs de l'exercice par d'autres substantifs.

Les Châteaubriand	Les Cicéron	Les Bourbons
Les deux Racine	Les Massillon	Les Condés

Les plus savants des hommes, les Socrates, les Platons, les Newtons, les Bossuets, les Fénélons, les Châtaubriands ont été des hommes religieux. Tous les peuples se vantent d'avoir eu leurs Alexandre et leurs César. Le même roi qui sut employer les Condés, les Turennes, les Luxembourgs, les Créquis, les Cattinats dans ses armées, les Colberts et les Louvois dans son cabinet, choisit les Racines et les Boileaux pour écrire son histoire, les Bossuets et les Fénélons pour instruire ses enfants, les Fléchiers, les Bourdaloues et les Massillons pour l'instruire lui-même. La France se glorifie d'avoir vu naître les Bourbon, les Montmorency. Nouveau David, sur vos harpes mystiques, célébrez les gloires de l'Éternel. Les Charlemagnes et les St-Louis relevèrent l'éclat de leur règne en relevant celui du culte.

Pluriel des Substantifs empruntés des langues étrangères :

108. Exercice *sur le pluriel des substantifs empruntés des langues étrangères.* (Copier le principe du n° 95 de l'*Abrégé*.)

Les Élèves écriront les substantifs suivants au singulier et au pluriel.

des	des	des	des
confiteor	credo	agendas	numéros
presto	vivat	accessits	pianos
dilletanti	crescendo	alinéas	quiproquos
ex-voto	allegro	macaronis	domiuos
magnificat	exeat	erratas	déficits

Mon fils, si tu obtiens seulement des accessits, je t'achèterai des agenda et des albums. Les voyageurs sont saisis d'une religieuse admiration à l'aspect des nombreux ex-votos qui tapissent la chapelle de Notre-Dame-de-la Garde de Marseille. Pour s'instruire il ne suffit pas de feuilleter des in-folios, des in-quartos, il faut surtout les méditer. La salle retentit de bravo enthousiastes. On a chanté des Te-Deums, des Alleluias et des Magnificats. Ce fut le Cardinal Mazarin qui fit représenter à Paris les premiers opéra.

Pluriel des substantifs composés.

109. Exercice *sur le pluriel des substantifs composés.* (Copier le principe du n° 96 de l'*Abrégé*.)

Les Élèves écriront les substantifs suivants au singulier et au pluriel.

des	des	des	des
bas-reliefs	reines-claudes	abat-jour	ciels-de-lit
belles-mères	sages-femmes	entre-sol	coups-d'œil
cerfs-volants	belles-sœurs	garde-manger	belles-de-nuit
rouges-gorges	loups-cerviers	tire-bouchons	vers-à-soie
lieuten^{ts}-colon.	portes-cochères	arrière-pensées	qu'en dira-t-on
maîtres-autels	grands-pères	contre-danse	passe-partout
choux-fleurs	grands-mères	contre-marques	vice-rois

Les oiseau-mouche sont les bijoux de la nature. Les arc-en-ciels brillent de leurs vives couleurs. Cet antiquaire a beaucoup de bas-relief et de taille-douce. Nous avons planté des chou-fleur des chou-palmiste et des laurier-rose. L'oisiveté et la parure sont les avants-coureur de la misère. Les rouge-gorge aiment à se percher sur les arbres de haute-futaie. Ce riant parterre s'embellit de jet-d'eaux, de laurier-rose, de belle-de-nuits. En France il y a quatre vingt-six chef-lieu de préfecture.

CHAPITRE II.

DE L'ARTICLE.

140. Exercice *sur l'emploi de l'article* DU, DE LE, DE LA, DES, *et de la préposition* DE. (Copier le principe du nº 97 de l'*Abrégé*.)

Les Élèves remplaceront les substantifs qui suivent l'article par d'autres substantifs.

Un bouquet des violettes du jardin	Un bouquet de violettes
Il tient des discours superflus	Il n'a point de défauts
Il a pris une grande quantité des poires que vous avez cueillies	Nous avons cueilli une grande quantité de poires
N'oubliez pas les chapeaux des enfants	Regardez ces jolis chapeaux d'enfant
Vous avez marchandé des rubans	Vous avez acheté de beaux rubans
Il a choisi des belles étoffes que vous avez fait fabriquer	On a chanté des grands-messes

Celui qui a de palais magnifiques, des somptueux appartements, de lits dorés, des riches habits, des fastueux équipages, des nombreux domestiques, dort-il mieux que le pauvre fatigué par le travail de la journée ? La terre était jonchée des fleurs. Les rues étaient jonchées de fleurs que l'on avait cueillies la veille. La société avec de livres vaut mieux que la société avec de sots. Souvent des beaux visages cachent des vilaines âmes.

CHAPITRE III.

DE L'ADJECTIF.

ADJECTIFS QUALIFICATIFS.

111. Exercice *sur les adjectifs qualificatifs* FEU, NU, DEMI, SUPPOSÉ. (Copier le principe du n° 99 et 100 de l'*Abrégé*.)

Les Élèves remplaceront les substantifs suivants par d'autres substantifs de même nature.

Feu :

La feue tante	Feu sa grand'mère
Les feus princes	Feu ses oncles

Nu, demi, attendu, excepté, supposé, etc.

La tête nue	Nu-tête
Les pieds nus	Nu-pieds
Deux journées et demie	Une demi-journée
On entend sonner les demies	Deux demi-glaces
La fête attendue	Attendu la fête
Les époques passées	Passé les époques
Les riches exceptés	Excepté les riches
Les femmes exceptées	Excepté les femmes
Une heure supposée	Supposé une heure
Les mouvements supposés	Supposé les nouvelles
La table y comprise	Y compris la table
Les jardins y compris	Y compris les jardins
La facture ci-jointe	Ci-joint facture
La note ci-incluse	Ci-inclus note
Cette démarche approuvée	Approuvé la démarche
Les ventes approuvées	Approuvé les ventes

La feu reine vous honorait de sa bienveillance. Feue votre mère était bonne et charitable. Henri IV marchait pieds nu et tête nu. Diogène marchait nus-pied et couchait dans un tonneau. Outre les grands dieux on comptait encore les demis-dieux et les héros. Opimius payait la tête de Caïus-Gracchus dix-sept livres et demies d'or. Cette horloge sonne les quart et les demi. Vous trouverez ci-joint la copie de ma lettre. Passés ces quinze jours, j'aurai vingt ans accomplis et passé. Supposés ces faits, tous les autres s'expliquent aisément.

Accord de l'Adjectif avec deux ou plusieurs substantifs.

112. Exercice *sur l'accord de l'adjectif avec deux ou plusieurs substantifs.* (Copier le principe du n° 104 de l'*Abrégé.*)

Les Élèves remplaceront les substantifs auxquels se rapportent les adjectifs par d'autres substantifs de même nature.

Un tableau et un portrait magnifiques

Une robe et une plume élégantes

La joue et le teint vermeils

L'utilité et l'ordre publics

Le frère et la sœur estimables.

Un courage et une sagesse extraordinaires

Le père et le fils respecté. La mère et la fille chéri. La rose et la violette épanoui. L'histoire et la géographie instructif. L'oreille et la voix fausse. On admirait son maintien et son langage modeste. Le père et la fille estimé. La joue et le teint vermeil. La bonté et l'affabilité justement apprécié. Le ruisseau et le canal achevé. La prairie et le jardin fertile. La robe et la ceinture élégant. Nous avons parcouru une colline et une vallée ombragé. Le mérite et le talent récompensé. Le château et le parc peu éloigné. Le travail et le repos sont nécessaire. Les merveilles du ciel proclament une puissance et une intelligence suprême. Le soleil et la lune roulent suspendu au firmament. Il a montré une prudence et un courage admirable. Le temps et l'application sont indispensable pour faire de grandes choses. Ne cherchez pas la véritable gloire dans la réputation et la probité mondaine.

ADJECTIFS DÉTERMINATIFS.

Numéraux.

113. Exercice *sur les adjectifs numéraux* : VINGT, CENT *et* MILLE. (Copier le principe du n° 102 de l'*Abrégé*.)

Les Élèves remplaceront les substantifs suivants par d'autres substantifs.

Trois un	Six huit
Quatre francs	Cinquante-quatre musiciens
Vingt chevaux	Quatre-vingts personnes
Cent soldats	Deux cents magasins
Quatre-vingt huit feuilles	Trois cent quarante chaises
Mille sept cent quatre-vingt	Deux mille huit cent
Trois millions	Cinq billions
Deux milliards	Quatre trillions
Mil huit cent quarante-trois	Mille deux cent avant J. C.
L'an trois mille	Quatre mille ducats
Cinq milles d'Italie	Huit milles d'Allemagne

La fameuse muraille bâtie par les Chinois a quatre cent lieues de long sur quatre-vingts mètres de large. Les cloches furent inventées en l'an quatres cents, la boussole en l'an douzes cents, le thermomètre en seizes cents et les bâteaux à vapeur en l'an mille huits cents quinzes. Sempronius Dentatus, ce fameux plébéien, s'était trouvé à cents vingt combats. Cent vingts mille d'Allemagne font près de deux cents cinquante lieues de France. Trois billion se prononcent trois milliard en terme de finances. Nous sommes en mille huits cents cinquantes huits. Attila réunissait sous ses drapeaux sept cents milles combattants.

Possessifs.

Son, sa, ses.

Les Élèves remplaceront les substantifs auxquels se rapportent *son, sa, ses*, par d'autres substantifs de même nature.

La rose est une belle fleur, le parfum en est suave	Nous longeons la rivière, l'eau en est limpide
La ville est charmante, nous admirons la générosité de ses habitants	Ces campagnes nous plaisent, nous aimons la beauté de leur site

Indéfinis.

114. Exercice *sur les adjectifs indéfinis* : MÊME, QUELQUE, TOUT .(Copier le principe des nᵒˢ 103-108-105 de l'*Abrégé*.)

Les Élèves remplaceront les substantifs auxquels se rapportent les adjectifs : *même*, *quelque*, *tout*, par d'autres substantifs de même nature.

Même.

Le même plaisir	Les mêm
La même feuille	Les mêmes pièces
Le roi lui-même	Les généraux eux-mêmes
La princesse elle-même	Les familles elles-mêmes
Ceux-mêmes	Celles-là mêmes
Ce peuple sérieux n'est plus le même	Les mœurs ne sont plus les mêmes
Les plantes, les feuilles même	Le mérite, les vertus même
Ils les ont même récompensés	Vous allez même les visiter
Les génies même les plus distingués	Les arbres même les plus élevés

Quelque :

Quelque courage que	Quelques avantages que
Quelque ambition que	Quelques richesses que
Quelque élégantes que soient ces dames	Quelque consolantes que soient ces paroles
Quelque précieuses qu'elles paraissent	Quelque jolies qu'on les dise
Quelque troublées qu'elles se montrent	Quelque contrariées qu'elles puissent être
Quelque flattées qu'elles soient	Quelque enchantées qu'elles soient
Quelque poliment qu'ils se conduisent	Quelque imprudemment qu'ils se comportent
Quelque bien que vous agissiez	Quelque éloquemment qu'elles parlent
Quelques brillants succès que vous ayez	Quelques savants orateurs que vous avez entendus
Quelques gracieuses parures que vous montriez	Quelques sages lois qui vous régissent
Quelque habiles mécaniciens qu'ils soient	Quelque belles facultés que vous ayez reçues
Il s'est écoulé quelque 390 ans	Il a perdu quelque 500 hommes
Quel que soit votre bonheur	Quels que soient les évènements
Quelle que soit votre prudence	Quelles que soient vos pensées

Tout :

Tout le sénat	Tous les humains
Toute la famille	Toutes les garanties
Tous les enfants ont de la légèreté, tous ne sont pas méchants	Les sciences ne conduisent pas toutes à la fortune, mais toutes sont estimées
Nous tous	Elles toutes
Tous ceux-ci	Toutes les siennes
En toute occasion	En toutes occasions
Il est tout ardeur	Il est tout envieux
Ils sont tout yeux et tout oreilles	Ils sont tout envieux
Tout instruites qu'on les suppose	Ils sont tous envieux
Tout habiles qu'elles soient	Elles sont tout envieuses
Les arbres sont tout en fleur	Elles sont toutes envieuses
Ces arbres sont tous en fleur	Il est tout mouillé
Ces enfants sont tout en joie	Elles sont toute mouillées
Ces enfants sont tous en joie	Elles sont toutes mouillées
Cette personne est tout d'acier	Il est tout habillé
Cette statue est toute d'acier	Ils sont tout habillés
Ces hommes sont tout pour vous	Ils sont tous habillés
Cette porte est toute de fer	Elles sont toute habillées
Elles sont tout aussi gaies	Elles sont toutes habillées
Elles sont toutes aussi gaies	Il est tout hardi
Nous sommes tout à vous (*pour nous vous sommes complètement dévoués*)	Ils sont tout hardis
	Ils sont tous hardis
Nous sommes tous à vous (*pour nous sommes tous sous votre dépendance*)	Elle est toute hardie
	Elles sont toute hardies
	Elles sont toutes hardies

Tout amitié qui n'est pas fondée sur l'estime n'est pas durable. Les même causes amènent les même effets. Quelques éclairés, quelques savants que soient les hommes, ils ignorent encore bien des choses. Ceux qui se plaignent de la fortune n'ont souvent qu'à se plaindre d'eux-même et de leur mauvaise conduite. Quelque charmes que je trouve dans votre société, je suis obligé de vous quitter. Quelques heureusement doués que nous soyons, nous ne devons pas en tirer vanité. Les castors, les abeilles, les fourmis mêmes nous donnent l'exemple du travail et de la prévoyance. Ceux qui aiment le travail se suffisent à eux-même. Alexandre perdit quelques trois cent hommes lorsqu'il défit Porus. Non seulement vous ne devez pas lire les mauvais livres, mais vous ne devez pas mêmes les ouvrir. Les animaux, les plantes, les légumes mêmes étaient adorés en Egypte. Quelques soient vos talents, quels que soient vos richesses, quel que soit votre considération dans le monde, gardez-vous de vous glorifier de ces avantages. Les empires même les plus florissants ont disparu de dessus la scène du monde. Quelques soient ses penchants le sage les surmonte. Quel que trompeuse que soit souvent l'espérance, elle sert au moins à nous mener par un chemin agréable. Quelques éclairés, quelques savants que soient les hommes, ils ignorent encore bien des choses.Toute instruite qu'est une femme, elle ne doit chercher à se faire remarquer que par sa modestie. Tous parfaits que soient les sages, ils ont encore bien des défauts. Tout héroïque que fut Jeanne-d'Arc, tout courageuse qu'elle fût, toute attachée qu'elle se montrât à Charles VII, ce prince ne songea pas à venger sa mort. Toute les femmes ne savent pas combien la douceur et la modestie leur donneront d'empire. Les habitants de ces îles sont presque tout noirs.

CHAPITRE IV.

DU PRONOM.

115. Exercice *sur les pronoms personnels* LE, LA, LES, *sur les démonstratifs* CECI, CELA ; CELUI-CI, CELUI-LA, *et sur le relatif* QUI. (Copier le principe des n°s 106, 107, 108 de l'*Abrégé*.

Les Elèves remplaceront les substantifs auxquels se rapportent les pronoms *le, la, les*, par d'autres substantifs de même nature.

Le, la, les.

Êtes-vous la maîtresse de la maison ? Je la suis

Êtes-vous maîtresse ici ? Je le suis

Il vous croyait son amie ? et vous ne la seriez pas

Vous les croyez docteurs, ils ne le sont pas

Si vous êtes étourdie, je ne veux pas qu'elle le soit

Des hommes de talent ? vous le serez, si vous travaillez

Autant que je le puis, je cède à tes raisons

L'homme est, je le crois, un méchant animal

Il est moins ignorant qu'on ne le croirait

Il est plus prudent qu'on ne penserait d'abord

Ceci, cela ; celui-ci, celui-là.

Les Élèves changeront les phrases ci-dessous.

Ceci lui plaît

Cela le contrarie

Je prends celui-ci, je laisse celui-là

Evitez celles-là et imitez celles-ci

Le général et son escorte suivent, celle-ci était morne et celui-là était pensif

Les enfants et la mère arrivèrent; celle-ci était âgée, et ceux-là encore jeunes

Occupez-vous de ceci

Que pense-t-il de cela ?

Qui.

Les Élèves changeront les verbes auxquels se rapporte chaque pronom relatif.

C'est moi qui l'instruis

C'est nous qui l'obligerons

C'est toi qui le guides

C'est vous qui l'avez demandé

C'est lui qui vous consolera

Ce sont eux qui ont lu

C'est moi seul qui l'ai fait

C'est toi seul qui l'arrêteras

Qui.

Les Élèves changeront les substantifs et les pronoms auxquels se rapporte chaque pronom relatif.

Les hommes avec qui nous vivons

La plume avec laquelle vous écrivez

Voilà la personne à qui j'ai écrit

Les pensées auxquelles vous vous êtes arrêté

Ceux de qui vous avez reçu la lettre

La gloire vers laquelle vous courez

O Rochers escarpés ! je n'ai que vous à qui je puisse me plaindre

Le cheval sur lequel vous êtes monté

Etes-vous les ministres de l'Empire ? nous le sommes. Les bons sont toujours heureux, les méchants ne les sont jamais. L'ange dit à Marie qu'elle serait la mère du sauveur du monde, elle le fut. Ceux qui sont amis de tout le monde, ne les sont de personne. Héraclite et Démocrite étaient d'un caractère bien différent ; celui-là riait toujours, celui-ci pleurait sans cesse. C'est moi qui ait cherché à former votre cœur et votre esprit. J'aime cette maxime chinoise : l'âme n'a point de secret que la conduite ne révèle ; ceci est vrai à Paris comme à Pékin. Aristide et Thémistocle servirent également leur patrie, celui-là par son talent, celui-ci par sa vertu, ses talents et sa justice. O Dieu ! c'est toi qui gouverne le monde. Comprenez cela et profitez de ceci. Le soleil autour de qui tournent les planètes.

116. Exercice *sur les pronoms indéfinis* : ON, L'ON, CHACUN, L'UN L'AUTRE, L'UN et L'AUTRE. (Copier le principe des nᵒˢ 109, 110, 111, de l'*Abrégé*.)

On, l'on.

Les Élèves composeront d'autres phrases analogues à celles de l'exercice.

On est savant	On est savante
On est jeune, riche et joli	On est jeune, riche et jolie
On est plusieurs amis	On est des princesses ici
Et l'on dit	Et on le dit
Si l'on croit	Si on l'appelle
Ou l'on s'amuse	Ou on l'envoie
Que l'on estime	Qu'on le reçoive
On apprend tout	On n'apprend rien
On assure	On n'assure pas

Chacun.

Les Élèves composeront des phrases analogues à celles de l'exercice.

Les oiseaux font leur nid, chacun à sa manière	Les peuples ont, chacun, leur forme de gouvernement
Les enfants s'amusent, chacun avec ce qu'il lui plaît	Ils amenèrent, chacun, leurs amis à la campagne
Elles ont parlé, mais chacune à son tour	Elles ont parlé, chacune, à leur tour
Vos deux amis sont passés, chacun de son côté	Vos deux amis ont passé, chacun, de leur côté
Les hommes doivent s'entr'aider chacun dans son intérêt	Les hommes, chacun, dans leur intérêt, doivent être généreux

L'un et l'autre, l'un l'autre.

L'un et l'autre avocat

L'un et l'autre ont bonne mémoire.

L'amabilité de l'une et de l'autre

L'un l'autre se battaient

Aidons-nous l'un l'autre

Ces marchands se nuisent l'un à
l'autre

L'une et l'autre sœur

Elles ont réussi l'une et l'autre

Il faut de la fermeté dans l'une
et dans l'autre infortune

Les uns et les autres se battaient

Aidons-nous les uns les autres

Ils sont jaloux les uns des autres

Dans la tombe l'on est égaux. L'on doit penser tout ce que l'on dit, mais l'on ne doit pas dire tout ce qu'on pense. Si on savait borner ses désirs, l'on s'épargnerait bien des peines. C'est là le point de vue où on doit se placer si on veut bien observer. Le plaisir fuit selon que l'on le cherche. Les enfants ont chacun son aptitude particulière. Dieu accorde des grâces à chacun selon leurs œuvres. Ces deux jeunes personnes s'aiment l'une et l'autre. Les hommes semblent n'être nés que pour se détruire les uns et les autres. Les deux armées chantèrent dans son camp chacune un Te-Deum. Bossuet et Newton l'un l'autre ont commenté l'Apocalypse. Les deux armées chantèrent un Te-Deum chacune dans leur camp. Bossuet et Massillon sont l'un l'autre deux grands orateurs. Les peuples ont chacun son caractère et ses lois. Les historiens considèrent les faits et les évènements chacun à leur manière. L'on respecte dans l'abaissement ceux qui se sont respectés dans la grandeur. La conversation doit être comme les jeux où l'on jette sa carte chacun à son tour. Quand on est avec un ami, on n'est pas seul et on n'est pas deux. On ne sait plus que devenir, lorsqu'on n'a su qu'être belle. On craint la vieillesse qu'on n'est pas sur de pouvoir atteindre. Linée et Buffon semblent avoir possédé, chacun dans son genre, des qualités telles qu'il est impossible que le même homme les réunit. Si nous nous égarons dans le désert, une sorte d'instinct nous fait éviter les plaines, où on voit tout d'un seul coup-d'œil.

CHAPITRE

DU VERBE.

SUJET.

117. Exercice *sur l'accord du verbe avec son sujet.*
(Copier le principe des n°s 112, 113, 114 et 115 de l'*Abrégé.*)

Les Élèves composeront des phrases analogues à celles de l'exercice.

J'applaudis	Nous marchons
Tu triomphes	Vous connaissez
Il admire	Elles brillent
Il n'est point de noblesse où manque la vertu	Là jaunissent les feuilles, ici se fanent les roses
Le printemps qu'annonce l'hirondelle	Puissent vos vœux se réaliser tous !
Là s'agite ce peuple turbulent	Me préservent les Dieux
La vertu et l'ambition sont incompatibles	Le tonnerre et le vent déchirent les nuages
Toi et moi nous voyagerons	Vous et votre frère vous bâtissez
Lui et moi plaisantions	Vous et elle serez musiciens

Observations.

La foule des affaires ne décourage pas	Une multitude d'oiseaux nichent dans ces bosquets
Une infinité de monde accourut sur la place	Beaucoup de sauvages se sont distingués
Une nuée de traits obscurcit l'espace	Une nuée de barbares désolèrent le pays
Un grand nombre d'hommes peut être nuisible à l'état	Un grand nombre d'oiseaux faisaient résonner ces bocages de leurs doux chants
La moitié du monde assure, et l'autre moitié conteste	La plupart des écoliers sont indociles et paresseux

La science donnent en peu de temps l'expérience de plusieurs siècles. Chaque soir nous nous embarquont pour

le pays des songes, un jour nous n'en reviendront plus.
Peu de jeunes gens fuit les amusements de leur âge. Les
lois divines veule qu'un enfant sois soumis à ses parents.
La candeur et la simplicité dénote une âme pure. La jeunesse et l'inexpérience nous expose à bien des fautes. Une
infinité de philosophes de tous les lieux et de tous les temps
a proclamé l'existence d'un être suprême. La multitude des
canaux qui coupe la Hollande servent à transporter les
denrées. Heureux ceux qui aime à lire. La moitié des
humains rie de l'autre moitié. Narbal et moi admirèrent
la bonté des Dieux qui récompensait notre sincérité.

CHAPITRE VI.

DU PARTICIPE.

PARTICIPE PRÉSENT.

118. Exercice *sur le participe présent et sur
l'adjectif verbal.* (Copier le principe du n° 120 de la
page 90 de l'*Abrégé*.)

L'Élève remplacera l'étoile par le participe présent ou par l'adjectif verbal selon le sens de la phrase.

Éclatant.

Une femme * en reproches. Une femme * de beauté.
Le soleil parut à l'horizon * de ses mille feux. Le lac
réfléchissait dans ses eaux limpides les feux * de la voûte
azurée. Le manteau royal était * de saphirs et d'éme-
raudes. Son diadême était * de pierreries. Son diadême
était entouré de * pierreries. La foudre gronde * au milieu
des airs. La foudre * gronde dans le lointain. Les bombes * foudroient l'ennemi. Les bombes en * déciment
les rangs ennemis.

Roulant.

Les voltigeurs faisaient des feux *. On voyait ses yeux
* dans leur orbite. Le serpent dardait sa langue enflâm-
mée, en * ses mille anneaux. Les chevaux effrayés en-
traînaient la voiture * dans le précipice.

Caressant.

Des enfants dociles et *. Je les ai vus * leur mère.
Méfiez-vous des flatteurs, ils ont des regards *. Les chiens
sont des animaux *. Les zéphirs * les tendres fleurs de
leur haleine douce et rafraîchissante. Nous respirons déli-
cieusement l'haleine embaumée des zéphirs doux et*.

Courant.

Les eaux * sont salutaires. Les eaux, * paisiblement
dans la campagne, formaient divers canaux. L'eau * en
deçà, jaillissant au-delà. Une eau * et jaillissante. Des
chiens, * dans le bois, poursuivaient un loup. Des chiens
* aboyèrent dans le bois. Ce négociant traite des affaires*.
Nous avons vu ces cavaliers * dans la plaine.

PARTICIPE PASSÉ.

119. Exercice *sur la variabilité et l'invariabilité
du participe passé.* (Copier le principe du n° 117 de
l'*Abrégé.*)

L'Élève après avoir transcrit les phrases suivantes, mettra au
singulier celles qui sont au pluriel, et au pluriel celles qui sont au
singulier, en faisant varier le participe selon que l'indique la règle.

Exercice sur le Participe employé sans auxiliaire.
(Copier le principe du n° 117 de l'*Abrégé..*

Un papillon endormi sur une plante	des	Élevé dans l'obéissance, cet enfant fait la joie de sa mère.　　ces enf.
Une plante fleurie au milieu du jardin	des	Coupée par la charrue, cette fleur se fanera.　ces fleu.
Des remparts détruits et dispersés	un	Embellis par la culture, ces jardins sont riants. ce jard.
Plusieurs villes forcées et saccagées	une	Suspendues dans l'azur, les étoiles se meuvent. l'étoile

Exercice sur le Participe accompagné de l'auxiliaire **être.** (Copier le principe du n° 118 de l'*Abrégé.*)

Le mérite est récompensé tôt ou tard	Le mérite et le rang étaient alors appréciés
La vertu est honorée dans tous les pays	L'innocence et la vertu sont souvent opprimées
Les méchants seront punis éternellement	La justice et l'honneur sont quelquefois méconnus
Les lois étaient abolies et oubliées	Les fleurs et les fruits furent bientôt cueillis

Exercice sur le Participe accompagné de l'auxiliaire avoir, *et précédé d'un complément direct.* (Copier le principe du n° 119 de l'*Abrégé.*)

Ses qualités m'ont enchanté	Les conseils que vous avez donnés
Ma fille, je t'ai élevée dans la vraie religion	Mangez ce fruit, je l'ai cueilli ce matin
Le ciel nous a favorisés	J'avais une canne, je l'ai perdue
Mes amis, je vous ai attendus bien longtemps	Voilà leurs campagnes, nous les avons visitées
Quelle joie il a éprouvée	Combien de personnes tu as reçues,
Que de paroles il avait prononcées	Combien de merveilles il a opérées
La reconnaissance que cet enfant a témoignée	La reconnaissance qu'a témoignée cet enfant
Les fictions que l'imagination a créées	Les fictions qu'a créés l'imagination
La récompense que je vous ai accordée	Ces livres nous vous les avons remis
Les services qu'il m'a rendus	Il les leur avait prêtés

Exercice sur le Participe accompagné du verbe avoir, *suivi d'un complément direct ou employé sans complément.* (Copier le principe du n° 120 de l'*Abrégé.*)

Le feu a détruit la forêt	Tu as répondu
Nous avons parcouru ces villes	Ils auraient chanté
Ils ont dédaigné de frivoles honneurs	Vous avez applaudi vos condisciples studieux
Il a conservé le souvenir de vos bontés	J'ai écrit ce matin à mon correspondant
Vous aviez pris une bonne résolution	Nous eûmes bientôt compris son explication
Ils avaient formé un projet	Ils eurent terminé à deux heures

Exercice sur le Participe des verbes pronominaux.
(Copier le principe du n° 121 de l'*Abrégé*.)

Avec accord :	*Sans accord :*
Ils se sont secourus	Ils se sont écrit une lettre
Vous vous êtes contredits	Vous vous êtes frappé l'imagina-tion
Elles se sont abstenues	
Nous nous sommes encouragés	Elles se sont nui par leur légèreté
Elles se sont assurées de la vérité	Nous nous sommes succédé
Ils se sont joués de nous	Elles se sont assuré une position
Elles se sont adressées au juge	Ils se sont joués de mauvais tours
Nous nous sommes blessés à la tête	Elles se sont adressé des cadeaux
	Nous nous sommes blessé la tête

Exercice sur le Participe des verbes neutres. (Copier le principe du n° 122 de l'*Abrégé*.)

Les trois heures que j'ai marché	Les jours qu'ils ont passé ensemble
Tous les moments qu'il a souffert	
La nuit que l'on a voyagé	Les moments qu'il a pleuré
Tout le temps qu'il a langui	Les six ans qu'ils ont vécu
Les 15 ans que vous avez régné	Toutes les fois que nous avons parlé
Les 4 heures que vous avez dormi	

Exercice sur le Participe des verbes unipersonnels. (Copier le principe du n° 123 de l'*Abrégé*.)

Les mauvais temps qu'il a fait	Les inconvénients qu'il en est résulté
Les dépenses qu'il a fallu	
Les sommes qu'il lui en a coûté	La grande inondation qu'il y a eu
Les chaleurs qu'il y a eu	Que de maisons il s'est écroulé
Les pluies qu'il a fait	Que de changements il est arrivé
Les fautes qu'il s'y est glissé	

Exercice sur le Participe placé entre deux que. (Copier le principe du n° 124 de l'*Abrégé*.)

Il est invariable, lorsqu'il n'y a pas de complément entre les deux QUE :

Les occasions qu'il avait prévu que vous auriez	Les réponses que nous avions supposé que vous donneriez
Quelles sont les démarches qu'on a pensé qu'il faudrait faire	Les achats que vous n'avez pas voulu que je fisse.

Exercice sur le Participe précédé du pronom en. (Copier le principe du n° 125 de l'*Abrégé*.)

Avec accord :	*Sans accord :*
Les hommages qu'il en a reçus	Des hommages tu n'en a pas reçu
Les fleurs que j'en ai cueillies, se sont bien conservées	Voilà des fleurs du jardin, nous en avons cueilli
les avantages qu'il en a remportés	Des avantages, il en a remporté
Les chagrins qu'il en a éprouvés	Des chagrins, il en a éprouvé

Exercice sur le Participe précédé du mot le peu. (Copier le principe du n° 126 de l'*Abrégé.)*

Avec accord :	*Sans accord :*
peu de soldats qu'il a envoyés ont battu l'ennemi, et sont entrés dans la ville	Le peu d'application qu'il a donné à ses études, l'a laissé dans l'ignorance
Elle regagne le peu de moments qu'elle a perdus, en travaillant sans relâche	Le peu de sécurité qu'il a trouvé dans cette ville, l'a obligé d'en partir
Il n'a point abusé du peu de liberté qui lui a été accordée	Le peu d'instruction qu'il a eu, le fait tomber dans mille erreurs

Exercice sur le Participe suivi d'un infinitif. (Copier le principe du n° 127 de l'*Abrégé*.)

Avec accord :	*Sans accord :*
Je les ai vus battre l'ennemi	Je les ai vu battre par les ennemis
Je les ai vus voler des fruits	Je les ai vu voler par des filous
Il les avait vus frapper	Il les avait vu frapper
La dame que j'ai entendue chanter	Les airs que j'ai entendu chanter étaient mélodieux
Les artistes que nous avons vus dessiner	Les paysages que nous avons vu dessiner
Les personnes que j'ai entendues lire	Les lettres que j'ai entendu lire, étaient bien écrites
La maison que j'ai vue tomber en ruine	La maison que j'ai vu bâtir dans cette rue
Il les a vus conduire ces hommes	Il les a vu conduire en prison
Il nous a entendus louer la vertu	Il nous a entendu louer par eux

Exercice sur le Participe laissé *suivi d'un infinitif.*
(Copier le principe du n° 127 de l'*Abrégé*.)

Avec accord :	*Sans accord :*
Ces rossignols, nous les avons laissés chanter	Ces cantiques étaient jolis, nous les avons laissé chanter
Ces enfants, il les aura laissés manger	Ces fruits sont mûrs, il les aura laissé manger
Ces bataillons étaient intrépides, nous les avons laissés vaincre	Ces ennemis avaient besoin de secours, mais nous les avons laissé vaincre

Exercice sur le Participe fait *suivi d'un infinitif.* (Copier le principe du n° 128 de l'*Abrégé*.)

Les pages qu'il nous ont fait écrire	Les nobles paroles qu'il a fait entendre
Les objets qu'il a fait porter	Les robes qu'il a fait acheter

Exercice sur le Participe suivi d'un infinitif sous-entendu. (Copier le principe du n° 129 de l'*Abrégé*.

Il vous a procuré tous les agréments qu'il a pu	Ils ont donné à l'enfant l'éducation que leur fortune leur a permis
Vous lui avez opposé tous les obstacles que vous avez voulu	Nous lui avons témoigné toute la reconnaissance que nous avons dû

Exercice sur les Participes : coûté, valu, pesé. (Copier le principe du n° 130 de l'*Abrégé*.)

Avec accord :	*Sans accord :*
Les peines que cette affaire a coûtées	Les cinq francs que ce livre a coûté
Les tourments que sa conduite insensée m'a valus	Les vingt mille francs que cette campagne a valu
Les fruits que cette marchande a pesés	Les cinquante kilo que cette marchandise a pesé

120. Exercice *sur le participe présent.*

Les Élève corrigeront les fautes de cet exercice.

Les pygmées attaquants Hercule sont le véritable emblème des athées. L'avarice perd tout en voulants tout gagner. C'est une personne d'un naturel doux, jamais ne grondants, ne contredisants, ne désobligeants. Les besoins de l'homme augmentants sans cesse, ont développé et perfectionné son intelligence. Des esprits bas et rampant ne s'élèvent jamais au sublime. Voyez ces riant vergers remplis d'arbres touffus qui plient sous le poids de leurs fruits pendants jusqu'à terre. L'arbre de ces vergers dont les rameaux féconds courbent leurs fruits pendant sur l'ombre des gazons. Vaucanson aurait pu faire un preux chevalier d'un automate pourfendants des géants. Nous traînons notre ombre en nous promenants au soleil. Ces ennemis des vers, | Qui hérissés d'algèbre et bouffis de problèmes, | Au monde épouvanté parlent par théorèmes, observants, calculants, mais ne sentants jamais. L'Angleterre combattants toujours est arrivée au terme glorieux et triomphants. Si des beaux jours naissant on chérit les prémices, | les beaux jours expirant ont aussi leurs délices. Je les ai vus mourant au champ d'honneur, mourants de la mort des braves. Je les ai vus emporter mourant de douleur. Les Troubadours allaient chantants les amours et la gloire, sous les fenêtres des châtelaines. Paris est plein de ces petits bouts-d'homme, | Vains, fiers, fous, sots, dont le caquet assomme, | Parlants de tout avec l'air empressé, | et se moquants toujours du temps passé. C'est-là que l'on voit errer les troupeaux qui mugissent, les brebis qui bêlent, avec les tendres agneaux bondissants sur l'herbe.

RÉCAPITULATION.

121. Exercice *sur le participe passé.*

Les Élèves corrigeront les fautes de cet exercice.

Il y a des sots bien vêtu, comme il y a des sottises bien habillé. Les pierreries dont brille une couronne, cachent les épines dont elle est doublé. Le dépôt de la tradition se compose de souvenirs que le temps a altéré, de fictions que l'imagination a créé. Didon a fondée sur les côtes d'Afrique la superbe ville de Carthage. Quelles leçons nous aurions perdu, si Cicéron et Fénélon ne s'étaient pas livré à l'étude de la sagesse. Que serait-ce s'il me fallait vous dire tous les moments qu'elle a soufferts sans murmurer et sans se plaindre ? Il s'est trouvés deux hommes d'un mérite supérieur qui ont reculées les limites des sciences. Les secours que vous aviez prétendus que j'obtiendrais, ont tous été illusoires. Ne pas écrire correctement, c'est dévoiler le peu d'éducation qu'on a reçue. Les grands hommes appartiennent moins au siècle qui les a vu naître et qui jouit de leurs talents, qu'au siècle qui les a formé. Les serpents paraissent privé de tout moyen de se mouvoir, où le hasard les a faits naître. S'il avait demandé M. de Fontenelle pour examinateur, je lui aurais faits tous les vers qu'il aurait voulus. Cette bataille lui a valus le bâton de maréchal. Le cœur est un aveugle à qui sont dû toutes nos erreurs. Jamais tant de vertu n'a été réuni à tant d'intelligence. Tout chrétien est nés grand, par ce qu'il est nés pour le ciel. Les âmes nobles gagnent toujours à être connu.

122. Exercice *sur le participe passé*. (Voir les pages 90 à 95 de l'*Abrégé*.)

Les Élèves corrigeront les fautes de cet exercice.

Les pensées détaché sont comme des rayons de lumière qui fatiguent moins qu'en faisceau. La vertu timide est souvent opprimé. Les arts que les hommes ont inventé pour satisfaire à leurs besoins, tonrnent à leur gloire et à leurs délices. L'ignorance avait flétris les lauriers du génie. C'est à l'ombre de la paix que les arts sont né et se sont perfectionné. Puisse le ciel qui lit dans mon cœur éperdu, ajouter à vos jours ceux que j'aurais vécus. Le régne de Louis XIV est un des plus glorieux qu'il y ait eus, il a dotées la France de magnifiques découvertes. Louis XIV avait dans son âme une partie de la grandeur qu'on avait crue jusqu'alors n'être qu'autour de lui. La Renommée que Virgile décrit d'une manière si brillante, est fort supérieure à toutes les imitations qu'on en a fait. Les Américains sont des peuples nouveaux ; il me semble qu'on n'en peut douter au peu de progrès que les plus civilisés d'entre eux avaient faits dans les arts. N'attendez rien de ceux qui peuvent mourir, et qui se sont lâchement laissés garroter. Télémaque prend les armes, don précieux de la sage Minerve qui les lui avait faits faire par Vulcain. Néron, une fois maître du souverain pouvoir, a faits tous les maux qu'il a pus, et a commises toutes les cruautés qu'il a voulues. Que de soins m'eût coûté cette tête charmante ! Lorsque le gouvernement fut devenus monarchique, on laissa ces abus à cause des inconvénients qu'il y aurait eus à les changer. Que de bateaux à vapeur il s'est construits depuis quelques années; la mer en est sillonné dans tous les sens. Plus d'une fois il est tombées des pierres du ciel.

123. Exercice *sur le participe passé*

Les Élèves corrigeront les fautes de cet exercice.

Comme une lampe d'or dans l'azur suspendu, | La
la lune se balance aux bords de l'horizon, | Ses rayons
affaibli dorment sur le gazon. Si la bonne foi était banni
de la terre, elle devrait se réfugier dans le cœur d'un roi.
Le long usage des plaisirs les a rendu inutiles. Les hommes
n'ont jamais cueillis le fruit du bonheur sur l'arbre de l'in-
justice. La langue latine et la langue grecque sont deux
langues qui se sont longtemps parlées et qui ne se parlent
plus. Qui pourrait dire combien de siècles a vécus celui
qui a beaucoup senti et médités. L'invention des machines
à vapeur a ouverts de nouvelles ressources de richesse ;
il en est résultés des avantages incalculables. Les embarras
que j'ai sus que vous aviez, ont accélérés mon départ.
Cassius, naturellement fier et impérieux, ne cherchait dans
la perte de César que la vengeance de quelques injures qu'il
en avait reçu. Les circonstances dont l'expédition com-
mandé par Néarque fut accompagné, fournissent des exemples frappant du peu de progrès que les Grecs avaient faits
dans la science de la navigation. Que d'hommes on a vu
tomber d'une haute fortune par les mêmes défauts qui les
avaient élevé. Par une étrange faculté, le serpent peut faire
rentrer dans son sein les petits montres qu'il en a faits sortir.
Ils ont donné à leurs enfants toute l'éducation que leur a
permise leur fortune. Cinquante familles seraient riches
des sommes que cette maison a coûtées. Cette personne a peu
de franchise ; elle dissimule son caractère, vous l'aviez
bien jugée. Cette proposition, telle que vous l'avez démon-
tré, doit satisfaire tous les esprits.

124. Exercice *sur le participe passé.*

Les Élèves corrigeront les fautes de cet exercice.

Touché de ses accords, les chênes applaudissent. Tous les maux sont venu de la triste Pandore. Là règnent de bons rois qu'ont produit tous les âges. Les trois derniers siècles ont produits trois grands hommes, Louis XIV, Frédéric II et Napoléon ; contemporains, ils auraient dépeuplés l'Europe. Les Romains s'étaient fait à la discipline , la sévérité de Manlius et l'exemple de Régulus y ont beaucoup contribué. L'histoire luit : soudain les temps ont reculés ; | L'ombre a fuie ; les tombeaux, les débris ont parlés. La grande sécheresse qu'il y a cue, a occasionnées beaucoup de maladies. La conduite que j'avais supposée que vous tiendriez, vous l'avez tenu, et vous en avez été louée. Law, revenant une seconde fois bouleverser la France, avec des billets, trouverait des ennemis plus acharné qu'il n'en avait eus à combattre dans ses premiers prestiges. Mais d'où viennent ces difficultés, si ce n'est du peu d'application qu'on y a donnée jusqu'ici. On a vu des bouvreuils qui, ayant été obligé de quitter leur premier maître, se sont laissés mourir de regrets. L'amour d'une vaine gloire vous a faits parler sans prudence. N'est-il pas louable d'avoir cherchées les plus noires couleurs qu'il a pues, pour inspirer l'horreur d'un si détestable abus ! Cinquante familles seraient riches des sommes que cette maison a coûtées. La gloire a tués bien des hommes , la langue en a tués bien plus. Télémaque a faits quelques imitateurs , les caractères de la Bruyère en ont produits d'avantage. L'usage des cloches est, chez les Chinois, de la plus haute antiquité, nous n'en avons eues en France qu'au sixième siècle de notre ère.

125. Exercice *sur le participe passé.*

Les Éléves corrigeront les fautes de cet exercice.

Les hommes de génie sont des victimes couronné de fleurs et dévoué au salut du genre humain. Qui veut vaincre ou mourir est rarement vaincus. De tous les spectacles que l'industrie de l'homme a donné au monde, il n'en est peut-être aucun de plus agréable que la navigation. Les Dieux ont attachés presque autant de malheur à la liberté qu'à la servitude. C'est une chose qui mérite d'être remarqué que la plupart des grands hommes de mer que la France a produit, se sont formé dans la marine marchande. Que voit-il le pécheur dans cette longue suite de jours qu'il a passés sur la terre. Les pluies qu'il a faites ont nuies aux productions de la terre. Je me laisse enlever de l'hôtellerie au grand déplaisir de l'hôte qui se voyait par-là sevrés de la dépense qu'il avait comptée que je ferais chez lui. Pendant ces derniers temps combien en a-t-on vus, qui, du soir au matin, sont pauvres devenu, pour vouloir trop tôt être riches. Déjotanus gagne le port de Phalése, petite ville où il n'a point à craindre le peu d'habitants que la guerre y a laissé. Paul s'étant rendus par hasard dans ce lieu, fut remplis de joie en voyant ce grand arbre sortir d'une petite graine qu'il avait vu planter. Tant que la France existera, on louera la magnificence de Louis XIV, qui a protégés les arts que François Ier avait faits naître. J'ai lu mon épitre très posément, mettant dans ma lecture toute la force et tout l'agrément que j'ai pues. Un enfant devient plus précieux en avançant en âge; au prix de sa personne se joint celui des soins qu'il a coûté.

126. Exercice *sur le participe passé*.

Les Élèves corrigeront les fautes de cet exercice.

Quels miracles un petit nombre de soldats, persuadé de l'habileté de leur général, ne peuvent-ils pas enfanter. Il est des âmes pétri de fange, qui ne sont éprise que du gain. Il est assez ordinaire aux personnes à qui le ciel a donné de l'esprit et de la vivacité, d'abuser des grâces qu'elles ont reçu. Pierre-le-Grand a forcée la nature en tout; mais il l'a forcé pour l'embellir; les arts qu'il a transplanté de ses mains dans des pays dont plusieurs alors étaient sauvages, ont, en fructifiants, rendus témoignage à son génie, et éternisée sa mémoire. L'ambition ne quitte jamais un cœur dont elle s'est une fois emparé. La prospérité des impies n'a jamais passée à leurs descendants. Charlemagne a gouvernée avec gloire une des plus vastes monarchies qu'il y ait eues depuis celle des Romains. Les affaires que vous aviez prévues que vous auriez, sont-elles terminée ? Les Russes ont faits en quatre-vingts ans, que les vues de Pierre ont été suivi, plus de progrès que nous n'en avons faits en quatre siècles. Alonzo ranime le peu de forces qu'il a conservé. Je les ai vu souffrir et mourir sans jamais marquer un instant de faiblesse. Dans ce même temps, d'autres généraux de Justinien, sortant de l'Arménie, s'étaient faits battre sur les frontières de Perse. Un enfant ne doit faire de démarches que celles que ses parents lui ont permises. Mes manuscrits raturé, barbouillé et même indéchiffrables, attestent la peine qu'ils m'ont coûté. Les trois mille francs que cet ouvrage a coûtés. Son intention était d'envoyer un de mes enfants en Amérique, que de pleurs son départ nous aurait coûté.

127. Exercice *sur le participe présent et sur le participe passé.* (Voir les pages 90 à 95 de l'*Abrégé.*)

Les Élèves corrigeront les fautes de cet exercice.

Les Grecs étaient persuadé que l'âme est immortelle. Les grands hommes appartiennent moins au siècle qui les a vu naître, et qui jouit de leurs talents qu'au siècle qui les a formé. Environné d'une foule de préjugés, nous envisageons rarement les choses sous leur véritable point de vue. La mémoire des malheureux qu'on a soulagé, donne un plaisir qui renaît sans cesse. Attaqué au dehors par les barbares, déchiré au dedans par les ambitieux, Rome devait succomber et elle succomba. Elle se figure des rives enchanteresses formé par de longues prairies émaillé de fleurs, les plus odorants. Que de maux a produit la paresse: Sa jeunesse s'est passé dans l'amertume, et sa vieillesse s'est avancé prématurément. Madame de Sévigné et madame de Grignan sa fille, se sont écrites des lettres qui sont des modèles dans le genre épistolaire. Avant Jésus-Christ le peuple s'était égarés dans les ténèbres de la superstition. La terre s'est livré aux désordres ; les peuples se sont heurté ; les empires se sont renversé ; les trônes les plus puissants se sont écroulé. Pendant les trente-sept ans qu'a vécus Raphaël, combien de chefs-d'œuvre n'a-t-il pas enfanté. Aimez toujours vos parents et souvenez-vous de la peine qu'ils ont eu à vous élever. L'imprimerie que la ville de Mayence a vu naître, a contribué infiniment aux progrès de l'esprit humain. L'éruption du Vésuve est un des spectacles que la nature s'est reservée de montrer seule à l'admiration des hommes. Que de jeunes gens se sont laissés égarer par de mauvais conseils. On ne regrette jamais les moments consacré à l'étude. Les bonnes habitudes contracté dès l'enfance influent sur toute la vie. Les préjugés longtemps enraciné se détruisent difficilement. Ceux qui se conduisent sagement sont aimé et récompensé. Les lettres et les arts sont destiné à rendre les hommes meilleurs. Les planètes sont regardé comme autant de mondes habité Les hommes accoutumé à se bercer d'illusions sont exposé à bien des désappointements. Les hommes qui ont établis les lois, ne les ont pas toujours observé. Quels grands hommes la Grèce a produit ! Il est beau de pardonner les outrages qu'on a reçu. La nature a mesurée notre intelligence aux besoins qu'elle nous a donné. Les bons élèves se sont toujours attaché à leurs maîtres. Les eaux des fleuves ont débordés et se sont répandu dans la campagne qu'elles ont dépouillé de leurs récoltes. Les succès que vous avez obtenu, m'ont causés une vive satisfaction. La vie des héros a enrichie l'histoire, et l'histoire a enrichie la vie des héros. L'ingratitude est la bouche d'un enfant mordants lamain qui lui présente la nourriture. La politesse est comme l'eau courant qui rend unies et lisses les plus durs cailloux. Il est des âmes pétri de fange qui ne sont épris que du gain. Tout chrétien est nés grand parce qu'il est nés pour le ciel. Si Dieu nous a distingué des autres animaux c'est surtout par le don de la parole. Dieu d'un regard a formée l'univers. Les cheveux blancs du vieillard sont une couronne dont le temps a ornée sa tête. Qui pourrait dire combien de siècles a vécus celui qui a beaucoup sentis et médités. Le Dieu qui vous inspire a marchés devant moi.

PONCTUATION.

128. Exercice *sur la ponctuation.*

Les Élèves corrigéront les fautes de ponctuation de ces divers exercices. (Voir les pages 103, 104, 105 de l'*Abrégé*.)

VIRGULE.

La vie est un passage le monde est une salle de spectacle on entre on regarde on sort

Un athée n'est qu'un fou ridicule qui se rit de la divinité.

Certains bavards tracent autour de vous le cercle de Popilius et ne vous permettent plus d'en sortir

Les clefs de la trésorerie sont comme une cloche qui attire tous les fidèles à la fortune

Ceux qui travaillent aux progrès de la raison sont les élus de Dieu

La tête tourne à une élévation à laquelle on n'a pas accoutumé ses yeux

Qui veut vaincre ou mourir est rarement vaincu

Il n'est rien de si absurde qui ne soit passé par la tête d'un philosophe

La complaisance est une monnaie à l'aide de laquelle tout le monde peut payer son écot dans la société

J'ai vécu longtemps j'ai étudié l'histoire avec soin et j'ai vu que tous ceux qui nuisent aux autres finissent mal

Tous les hommes se trompent les grands hommes reconnaissent qu'ils se sont trompés

Vil atôme qui croit doute dispute rampe s'élève tombe et nie encore sa chute

L'intérêt la vanité la mode et la santé sont les quatre vents des girouettes humaines

La vertu des honnêtes gens n'est pas niaise ni résignée elle est douce noble sereine et armée comme Minerve

Les Chinois inventèrent longtemps avant nous l'imprimerie la poudre à canon les feux d'artifice les ballons les phantasmagories

Les Derviches prêchent le mépris d'un monde futile ils aspirent de toutes leurs forces à la faveur au génie à la volupté

Otez de la vie le temps donné au sommeil aux besoins aux afflictions que reste-t-il le fruit du travail

Les rois pour effrayer ont la toute puissance mais pour gagner les cœurs ils n'ont que la clémence

Les hommes les plus heureux en apparence ont besoin de faire de temps en temps un tour à l'école du malheur

Le ridicule tel que la robe de Déjanire corrode et détruit tout ce qu'il couvre de son vernis

L'homme brute animé de l'esprit d'une domination jalouse brise les productions merveilleuses du génie en disant je suis plus fort que toi

Les bienfaits disait Xénophon sont des trophées qu'on érige sur le cœur des hommes

Le monde est vieux dit-on je le crois cependant il le faut amuser encore comme un enfant

Je crains Dieu cher Abner et n'ai point d'autre crainte.

Tu dors Brutus et Rome est dans les fers

Un ami don du ciel est le vrai du bien sage

L'Amérique fut découverte par Christophe-Colomb en l'an 1491 sous le règne d'Isabelle

Heureux qui dans le sein de ses dieux domestiques se dérobe aux fracas des tempêtes publiques

L'homme veut à toute force atteindre au bonheur

Tribuns cédez aux consuls

Vous avez vaincu Plébéiens

Quoi de plus sublime que l'acte de générosité de l'avare de clémence du vaindicatif et d'humilité de l'orgueilleux

Nos douleurs sont des siècles nos plaisirs des éclairs

POINT ET VIRGULE.

Le sot est automate il est machine il est ressort

Tantôt la peur nous met des ailes aux talons tantôt elle nous cloue les pieds au sol et les entrave

Les princes veulent être absolus les nobles veulent être indépendants les peuples veulent être heureux

L'étalon que j'estime est jeune vigoureux
Il est superbe et doux docile et valeureux
Son encolure est haute et sa tête hardie
Ses flancs sont larges pleins sa croupe est arrondie
Il marche fièrement il court d'un pas léger
Il insulte à la peur il brave le danger

Un homme doit employer la première partie de sa vie à parler avec les morts la seconde à converser avec les vivants le troisième à s'entretenir avec lui-même

Les poltrons tirent sur l'ennemi les braves le joignent

DEUX-POINTS.

L'histoire de l'ambitieux se résume en ces mots ôte-toi de-là que je m'y mette

La fortune des riches la gloire des héros la majesté des rois tout finit par ci-gît

Je relis l'Illiade ce tintamare des dieux des hommes des chariots des chevaux m'étourdit

Gaîté doux exercice et modeste repas
Voilà trois médecins qui ne se trompent pas

On demande quatre choses à une femme que la vertu habite dans son cœur que la modestie brille sur son front que la douceur découle de ses lèvres et que le travail occupe ses mains

Aussitôt que le Kan des Tartares a dîné un héros crie tous les princes de la terre peuvent aller diner

> Les amis à l'heure présente
> Ont le naturel du melon
> Il faut en essayer cinquante
> Avant que d'en trouver un bon

Les athées n'ont jamais répondu à cette objection l'horloge prouve un horloger

POINT-INTERROGATIF.

Qui peut savoir quel vent soufflera dans six mois

Lorsque l'homme demande qui suis-je que veux-je l'orgueil et la vanité font la réponse

L'homme veut-il être heureux cela ne se demande pas comment peut-il l'être c'est là ce qu'on se demande

Qu'est-ce qu'être sage c'est bien penser et bien agir

Si l'on ôte Dieu de l'univers que reste-t-il à l'innocence au malheur le désespoir et le néant

POINT-EXCLAMATIF.

Oh que Dieu doit être heureux lui qui répand tant de bienfaits sur toutes les créatures

Pauvre et triste humanité l'homme n'est pas plus à l'abri sur un rocher que sous les lambris d'un palais

La nature donne à l'orgueilleux une taille raide une tête haute un air fier elle écrit sur son front sot

Où suis-je ô trahison ô reine infortunée d'armes et d'ennemis je suis environnée

Voilà ce capitole effroi des nations

De-là semblable aux dieux Rome lançait la foudre

La flamme l'environne (*Jeanne d'Arc*) et sa voix expirante | murmure encore | O France | ô mon roi bien aimé

Hélas la vie passe comme un songe

O mon fils disait César à Brutus tu veux m'assassiner

DES HOMONYMES.

On appelle homonymes des mots qui ont un son à peu près semblable ; mais dont la signification et l'orthographe sont différentes.

199. Exercice *sur les homonymes.*

Les Élèves écriront ces exercices à la dictée, ensuite ils composeront des phrases sur chaque homonyme.

Amande, fruit ; *amende,* condamnation. — *Ancre,* de navire ; *encre,* pour écrire. — *Autel,* d'église ; *hôtel* logement. — *Auteur,* d'un livre ; *hauteur,* élévation.— *Camp,* d'une armée ; *Caen,* ville ; *Kan,* prince tartare ; *Kent,* duché en Angleterre ; *quand,* conjonction ; *quant,* préposition ; *qu'en dira-t-on,* locution adverbiale. — *Car,* conjonction ; *quart,* la quatrième partie d'une chose ; — *Cent,* adjectif de nombre, *cens,* impôt ; *sens,* dérivant de sensé ; *sent,* venant de sentir : *sans,* préposition ; *s'en,* employé pour *se, en* ; *sang,* dérivant de sanguin. — *Chaîne,* lien ; *chêne,* arbre.—*Chère,* nourriture ; *chaire,* d'église; *cher,* prix élevé. — *Champ,* campagne ; *chant,* mélodie. — *Cœur,* partie du corps ; *chœur,* réunion de chanteurs.— *Cire,* pour les bougies ; *sire,* souverain. — *Conte,* historiette ; *comte,* titre de noblesse ; *compte,* de marchandises. — *Cor,* instrument de musique ; *corps,* corpulence. — *Cou,* de cigogne ; *coup,* d'épée ; *coût,* dérivant de coûter. — *Crains,* de craindre ; *crins,* d'un cheval.—*Dessein,* projet, *dessin,* dessiner. — *Don,* présent ; *donc,* conjonction ; *dont,* pronom relatif. — *Différends,* procès ; *différent,* dissemblable. — *Faim,* famine ; *fin,* finir ; *feint:* feinte. — *Faite,* hauteur ; *fêtes,* réjouissances. — *Fois,* une fois ; *foie,* viscère ; *foi* croyance ; *foix,* le comté de Foix. — *Grâce,* faveur : *grasse,* une poule grasse. — *Guère,* peu, petite quantité ; *guerre,* combat. — *Lieu,* endroit ; *lieue,* mesure itinéraire. *Mai,* le mois de mai : *mais,* conjonction : *mes,* adjectif possessif ; *mets,* aliments. — *Cinq,* adjectif de nombre ; *saint,* sainteté ; *sein,* centre ; *ceint,* ceinture ; *sain,* salubrité ; *seing,* signature. — *Air,* atmosphère. — *Aire:* lieu où l'on bat le grain ; *ère,* époque. — *Alène,* outil de cordonnier ; *haleine*, respiration. — *Cour*, la cour d'une maison ; *cours*, le cours d'une rivière ; *court*. habit court. — *Dent*, arracher une dent ; *dans*, le poisson vit dans l'eau. — *Doit*, le doit et l'avoir ; *doigt*, de la main. — *Faut*, falloir ; *faux*, instrument tranchant ; *faux*, cela est faux.—*Haie*, d'aubépine : *hais*, je hais les méchants et les grossiers. — *Maire*, magistrat de la cité ; *mère*, le père et la mère. — *Mer*, orageuse. — *Ni*, ce n'est ni vous ni lui ; *n'y*, il n'y voit goutte. — *Oubli*, c'est un oubli de sa part ; *oublie*. marchand d'oublies. — *Pain*, à manger ; *peint*, peinture ; *pin*, arbre. — *Pair*, jouer au pair. — *Paire*, une paire de souliers ; *père*, de famille, —*Perd*, perdre. — *Parti*, résolution ; *partie*, d'un objet ; *partir*, s'en aller. — *Peu*, petite quantité ; *peut*, pouvoir. — *Plaine*, de la campagne ; *pleine*, une mesure pleine, — *Plan*, d'une ville ; *plant*, un plant de vignes. — *Poids*, pesanteur ; *pois*, légumes ; *poix*, la poix de Bourgogne. — *Poing*, un coup de poing ; *point*, un point ; *point*, adverbe.— *Pomme*, fruit ; *paume*, jouer à la paume. — *Pouce*, le gros doigt de la main ; *pousse*, il pousse un cri. — *Prie*, je vous prie ; *prit*, prendre ; *prix*, vendre à vil prix. — *Reins*, il a les reins faibles : *Rhin*. fleuve ; *Reims*. ville de France. — *Reine*, épouse du roi ; *rênes*, tenir les rênes du cheval ; *renne*, animal de la Laponie ; *Rennes*, ville de France. — *Salle*, appartement ; *sale*, mal-propre. *Saut*, faire un saut ; *sceau*, cachet ; *Sceaux*, bourg près de Paris ; *seau*, tirer un seau d'eau. — *Serin*, oiseau ; *serein*; le ciel est serein. — *Saule*, arbre ; *sol*, terrain ; *sole*, poisson ; *soi*, pronom ; *soie*, une étoffe de soie ; *soit*, verbe ; *soif*, il a une soif ardente. — *Temps*, saison ; *tant*, quantité. — *Teint*, teinture ; *thym*, un bouquet de thym ; *tain*, mettre du tain à une glace. — *Tante*, sœur du père ou de la mère ; *tente*, le soldat est sous la tente. — *Trait*, lancer un trait ; *très*, il est très-prudent. — *Tribu*, la tribu d'Israël ; *tribut*, impôt — *Trois*, nombre ; *Troie*, ancienne ville d'Asie ; *Troyes*, ville de France. — *Vent*, le vent souffle ; *vend*, vendre ; *van*, pour nettoyer le grain. — *Ver*, de terre ; *vers*, préposition ; *verre*, bouteille de verre ; *verd*, ou *vert*, arbre toujours verd. — *Voit*, il voit clair ; *voie*, chemin ; *voix*, son, il a une voix harmonieuse.